찬양이 하늘에 닿다

미래 한국교회 예배를 위한 찬양과경배 바로 세우기

찬양이 하늘에 닿다..

미래 한국교회 예배를 위한 찬양과경배 바로 세우기

도서출판
누가

찬양이 하늘에 닿다

· 초판 1쇄 발행 2008년 3월 10일

· 지은이 이 천
· 펴낸이 정종현
· 펴낸곳 도서출판 누가

· 등록번호제 20-342호
· 등록일자 2000. 8. 30.
· 서울시 동작구 상도 2동 186-7
· Tel (02)826-8802, Fax (02)825-0079

· 정가 12,000원
· ISBN 978-89-92735-16-2 03230

이 백성은 내가 나를 위하여 지었나니 나의 찬송을 부르게 하려 함이니라
· 사 43:21 ·

　요즘 한국 교회의 예배를 보면, '찬양과경배' 또는 '경배와찬양'으로
부터 예배를 시작하는 교회가 대부분인 것을 알 수 있다. 청소년 예배
및 청년대학의 예배의 경우, 찬양과경배가 차지하는 비율이 상당하다.
주일 오후에는 아예 찬양을 중심으로 대다수의 교회가 찬양예배라는
이름으로 예배를 드린다. 어느 새부터인가 교회마다 크든 작든 찬양을
담당하는 찬양팀을 한 팀 또는 몇 팀씩 세우고 있고, 이를 인도할 찬양
사역자를 세워 섬기게 하고 있다. 이들 찬양 사역자들은 이제 교회에서
봉사직을 넘어 교역자로 분류되거나 새로운 전문사역 영역으로 분류되
고 있는 실정이다. 또한, 성장하고 있는 많은 교회의 경우, 전통적인 성
가대의 역할을 줄이거나 아예 생략하고 찬양과경배 중심의 소위 '열린
예배'를 주일 대예배 형태로 삼기까지 한다.

　이러한 예배 변혁의 상황에도, 현재 신학교 현장에서는 예배학에 있
어서 찬양과경배에 대한 가르침은 아직까지 미진하기 그지없다. 그리
고 아직도 찬양과경배를 지양해야 한다는 고전적인 가르침만을 되풀이
하고 있는 곳이 여전히 많다. 교단의 예식서들에서도 감리교의 '새예배
서'를 제외하고는 찬양과경배를 포함한 예배형식을 제대로 제시해 주

는 예식서는 찾기 힘들다. 그나마, '새 예배서'에서도 '찬양과경배'를 예배순서에 있어서 예배학적으로 어떤 구조로, 어떻게 펼쳐야 할지를 자세히 다루고 있지 않아서 아쉬울 뿐이다.

물론, 서서히 신학교마다 이러한 필요성을 인식해 가고 있지만, 오히려, '찬양과경배'에 대한 이론 및 학문은 기독교정신의 예술 학교나 실용 음악학교 그리고, 선교단체로부터 시작된 단기 찬양학교들에서 가르쳐 지고 있다. 그러나 이들 가르침의 내용 대다수는 찬양과경배의 영성 및 자세에 국한되는 경향이 짙다. 찬양과경배의 신학을 넘어 찬양과경배의 구조를 다루고 있는 곳을 찾기가 쉽지 않고, 있다고 하여도 젊은이들 중심의 찬양모임에서만 적용할 수 있는 가르침 정도이지, 기존 예배학 수준의 정립이나 현 예배 개혁의 기준이 될 만한 '찬양과경배' 이론들은 없다해도 과언이 아니다.

이에 본인은 찬양과경배를 예배에 적용할 수 있는 진정한 예배적 요소로써 자리 잡을 수 있도록 예배학적 정립을 시도하였다.

먼저, 본 저서에서는 '찬양과경배'의 개인 예배적 특성을 살펴 보았다. '찬양과경배'는 그 뿌리를 은사적 예배 및 개인적 예배 더 나아가, 친밀함의 영성에 두고 있다. 그러하기에 먼저는 '찬양과경배'의 뿌리가 되는 친밀함의 영성 및 개인적 예배에 대해 살펴보아야 할 것이다. 이를 알아야 찬양과경배가 가지고 있는 근원적 특징이 무엇인지를 알 수 있기 때문이다.

6

두 번째로, 공동체 예배에로의 적용을 위해 공동체 예배에 대한 예배학적으로 정립하였다. 예전 개혁자료와 BEM문서 및 4중 구조에 근거한 것이며, 이는 찬양예배뿐 아니라 개신교 전통적 예배까지도 예배학적으로 정립하는 데 도울 수 있는 자료가 될 것이라 생각한다.

세 번째로, 기존 공동체 예배로 '찬양과경배'를 적용하기 위해 예배학적으로 분석하여 정립하였다. 이는 이전에 없던 시도이며 새로운 연구가 될 것이다. 찬양과경배의 구조를 성경적 근거를 통해 세우고, 계시와 응답이라는 예배학적 정의 아래 분석, 정립하였다.

네 번째로, 찬양과경배를 기존 공동체 예배 안에서 기획할 수 있도록 찬양과경배 Check up list를 정립하였다. 보다 광범위하게 올바른 기획의 기반을 세울 수 있도록 찬양과경배의 구조적 부분, 음악적 부분, 커뮤니케이션 관련 부분 등을 포괄적으로 다루었다.

마지막으로, 몇 가지 예를 들며 찬양과경배의 실제를 경험할 수 있도록 하였다. 특별히, 위의 이론에 근거한 본인의 라이브 앨범 'MY PURPOSE' (주제곡:목적이 이끄는 삶)의 콘티 해석을 넣어 두었다.

언젠가 책 제목을 생각하며 나의 큰 딸과 걷고 있었다. 나의 작은 딸이 내가 오징어를 씹고 찬양하던 모습을 기억하고 '찬양하는 오징어'라고 가히 막내다운 귀여운 제목을 이야기해서 의외로 괜찮다는 생각을 하면서였다. 그런데 큰 딸이 말하길 "찬양하면 하나님께서 기뻐해야 하

7

잖아. 그러면 찬양이 하늘에 닿야지"라고 말하는 것이었다. 난 그 말을 들으며 한편으로는 큰 딸이 자랑스럽고 한편으로는 그 말에 감동되어 전에 생각해 두었던 다른 제목들을 과감히 버리고(?!) '찬양이 하늘에 닿다' 라는 제목을 택하였다.

아무쪼록, 이 책을 보는 사람들 가운데 찬양으로 예배드리며 하나님과 진정한 만남을 이루었으면 좋겠고, 더 나아가 찬양과경배를 예배학적으로 온전히 정립하고 기존예배에 찬양과경배를 바르게 적용하여, 예배다운 찬양예배를 기획 할 수 있기를 간절히 바라며 이 책을 시작하고자 한다.

이 책이 나오기까지 수고를 아끼지 않으신 정종현 목사님, 영적 지도자이신 상하이한인연합교회 엄기영 목사님, 부족한 제자의 글에 격려를 아끼지 않으신 서울장신대학교 문성모 총장님, 김세광 교수님, 권광은 교수님, 그리고 송인설 교수님, 홍정표 교수님께 감사를 드립니다. 저의 찬양의 기반을 만들게 하여준 예수전도단의 예배와 영성을 사랑하고, 찬양과경배를 예배학의 수준으로 끌어올릴 수 있는 힘을 마련하여 준 서울장신대학교 예배찬양사역대학원을 사랑합니다. 사랑하는 아내와 딸, 이샘, 이노엘 누구보다도 사랑해^^ 예배의 주인되신 하나님! 찬양과경배중에 임재하셔서 우리의 영혼을 만나주시고 생명을 불어넣어주시는 하나님! 감사와 찬양과 경배를 올려드립니다. 할렐루야!

뜨거운 상하이에서 **이천목사**

교회 현장에서 바라볼 때, 오늘 날 현대 예배에서의 찬양이란 언급할 수조차 없을 정도로 주요한 위치를 차지하고 있습니다. 찬양이 예배의 전부는 아니지만 하나님의 임재와 영광을 기리는데 얼마나 필요한 요소인지요.

이천 목사는 교회 예배 현장에서 찬양을 인도하며 바람직한 찬양사역을 위해 늘 고심하며 연구하는 분입니다. 간혹, 어떤 찬양 인도자들은 예배를 인도하는 목회자와 갈등하며 독자적인 예배찬양사역을 하는 경우가 있어 목회와 예배에 방해가 되기도 합니다.

그러나, 이천 목사는 놀라울 정도로 예배의 필요와 목회적 요구에 민감하게 대처하는 적절한 찬양사역을 통하여 교회 전체에 큰 유익을 주는 찬양 사역자입니다.

특별히, 바른 신학적 사고 아래 예배의 찬양을 예배학적으로 바르게 되도록 예배와 찬양을 기획하며 다방면으로 연구하는 노력을 아끼지 않는 귀한 사역자입니다.

그런 점에서 금번 출판되는 이 책은 이천 목사의 삶과 경험과 노력의 결실이 담긴 귀중한 보물이라 말하지 않을 수 없습니다. 그러므로 예배 현장에서 찬양사역을 하는 찬양 사역자들과 예배에 있어 바른 찬양의 개념과 위치와 역할을 찾는 분들에게 좋은 길잡이가 되어 줄 것이라고 확신합니다.

　아무쪼록 새롭게 출판되는 이 책을 통하여 한국교회와 예배의 현장을 섬기는 찬양사역자들에게 큰 도움이 될 뿐만 아니라, 더 진일보한 찬양사역이 이루어지기를 기도하며 격려를 드립니다.

엄 기 영 목사
(상하이한인연합교회 담임목사)

이천 목사님은 서울장신대학교 예배찬양사역대학원을 1기생으로 졸업하고 중국에서 선교활동을 하고 있는 보배로운 하나님의 사역자이다. 이번에 찬양과경배의 이론과 실제를 담은 귀한 책을 출판하게 된 것은 한국의 찬양사역을 위해 참으로 다행한 일이라고 생각한다.

예배는 말씀과 성만찬과 음악으로 이루어진다. 초대교회의 예배는 이 세 가지 요소가 서로 균형을 이룬 예배였다. 종교개혁 이전의 중세 예배는 성만찬의 비대로 부패하기 시작하였고 종교개혁 이후에는 설교가 예배의 의미를 대신하면서 참된 예배의 모습이 일그러지기 시작하였다. 오늘날의 예배는 음악이 주인 노릇을 하면서 점점 더 위기 상황으로 빠져들고 있다. 특히 찬양과경배라는 이름하에 행해지는 음악의 형태는 신학적인 검증이나 음악적인 반성 없이 예배음악에서 무대음악으로 변질되어가고 있다.

이러한 시기에 이천 목사님은 진정한 의미의 찬양과경배가 무엇인가를 고민하면서 이 책을 쓰고 출판하였으니 이 책으로 말미암아 한국의 찬양 문화의 방향이 바른 길로 나아가기를 소원한다.

예배의 개혁은 새로운 아이디어를 제공하는 것도 아니고 판을 뒤집어 엎는 파격적인 행동도 아니다. 예배의 개혁은 원형을 찾아가는 작업이다. 한국교회의 예배와 음악이 원형을 회복하기를 간절히 바라며 이 책이 그 길잡이가 되기를 바란다.

문성모 목사
(서울장신대학교 총장)

　　신학교와 다양한 계층의 세미나에서 예배에 관한 강의와 토의를 해오고 있는 본인으로서는 저자의 풍부한 예배 경험과 학문적 통찰과 노력이 담긴 이 책의 출간은 매우 반가운 일이 아닐 수 없다. 이 책을 한편으로는 신학교의 예배학 수업을 위해서, 다른 한편으로는 현장의 예배 사역자에게 추천하고 싶다. 그 이유를 들자면 다음 몇 가지 점에서 큰 의미를 지니고 있기 때문이다.

　　첫째, 예배현장의 사역자로서 가졌던 고민을 깊이 있는 학문적 연구와 대화로 풀어냈다는 점이다. 저자는 한국에 CCM이 본격적으로 등장한 때부터 음악성 있는 찬양으로 CCM계의 대표하는 사역자 가운데 하나로 활동했고, 동시에 열정적인 예배 찬양 리더로 예배 모임들을 인도해오고 있는 현장 사역자다. 저자의 관심은 찬양 예배의 구조를 예배 신학적으로 분석하고 체계화시키는 것이다. 이 작업을 위해 저자가 분석한 예배 신학의 자료들은 세계 교회의 예배학의 이슈들을 잘 다른 것들인데, 이런 자료를 찬양 사역자의 관점에서 해석하였다는 점에서 매우 흥미롭다. 현장의 사역자들은 예전적이고 전통적인 예배학의 토의에 대해 무관심하거나 전혀 다른 관점에서 바라보기 때문에 그동안 본격적인 토론과 연구가 매우 적은 상황에서 저자의 연구는 예전적 예배 입장에서나 찬양 예배 입장에서나 개척자적 의미를 지니는 것이다.

　　둘째, 예전적 예배와 자유로운 예배의 긴장을 잘 인식하면서 통합적

12

모델을 모색하고 있다는 점이다. 그리스도교 예배는 20세기 중반에 들어서면서 '예배전쟁(worship war)'이라는 이름을 얻었다. 기독교의 각 교단마다 유일한 예배로 지켜져 왔던 예배의 구조나 모형들이 찬양예배와 같은 현대교회의 새로운 예배 모형에 의해서 상대화되면서, 예배자들에게는 예배 구조가 선택의 문제라는 인식이 주어지기 시작한 것이다. 저자는 찬양 예배도 예전적 예배와 같이 주일예배의 위치에 둘 수 있음을 주장하되, 예전적 예배의 신학적 근거와 언어로 설명하는 수고와 지혜를 보여준다. 그동안 실용적으로, 또는 현장 사역자들의 눈높이에 맞게 논의될 수 있는 것으로 여겨져 왔던 찬양 예배를 예배학의 범주로 끌어올리는 일을 훌륭히 해 낸 것이다.

셋째, 복음주의적 자세를 흐트러트리지 않고 에큐메니칼 정신을 이야기하고 있는 점이다. 저자는 로버트 웨버의 예배신학을 통해 복음주의 진영의 로잔느 대회뿐 아니라, 예배지평을 넓혀 WCC와 나아가 바티칸 공의회까지 나아가 예배적 유산들을 탐색하였다. 이는 현대교회의 열린 예배 또는 구도자 예배를 지나, 미래교회의 모습 가운데 하나인 고대미래교회(Ancient-Future Church)의 예배까지도 함께 할 수 있음을 전망케 한다.

이 외에도 저자가 인용한 각 분야의 전문가와 자료들은 이 분야 연구의 길잡이 역할을 하기에 충분하다. 이러한 이론과 실천을 함께 아우른 그의 정교한 작업들은 한국 예배찬양계의 최초의 전문 학위과정의 선

13

두 연구자로서의 신학적 통찰과 전문 사역자로서의 열정적 경험에서 나온 것이리라.

　아무쪼록 이 책이 예배에 비전을 갖고 준비하는 예배 인도자와 예배자, 신학교의 신학도들의 애독서, 필독서가 되기를 바란다.

김 세 광 교수
(서울장신대교수 신대원장/예배찬양사역대학원장)

도입

영국 유학시절 잠시 한국에 방문했던 적이 있었는데, 그때 '새벽이슬 같은' 곡을 처음 만났다. 그때의 신선한 충격은 아직도 잊혀지지 않는다. 그후 저자인 이천 목사는 나에게 예배사역의 후배로서, 학생을 가르치는 동료 교수로서 그리고 서울 장신대학교 예배찬양사역대학원에서 논문을 지도 받는 학생으로서 나와의 다양한 만남 가운데 항상 성실한 사역자로서의 모습으로 내 기대를 저버리지 않았다. 이제 그 '새벽이슬'의 주인공이 이 땅에 일어나고 있는 새로운 예배자들을 향해 예배 회복을 요청하는 이야기를 대하니 감회가 남다르다. 지금까지 예배회복에 대해 이야기하는 저서들 속에서는 예배 현장경험의 부재가 항상 아쉬웠다. 그러나 저자는 사역적 경험을 바탕으로 한 연구를 통해 찬양의 예배적 관점 회복에 대해 이야기 하고 있어 그 의의가 남 다르다 할 것이다. 그의 저서를 통한 이러한 새로운 접근은 한국교회 안에서 활발히 일어나고 있는 찬양과경배 운동에 새로운 영역으로의 활기를 불어넣어줄 것이다.

시대적 상황 & 요청

이 시대에 새롭게 일어나고 있는 세대들의 예배인 찬양과경배는 단순히 새로운 형태의 예배가 아니다. '찬양과경배'는 새로운 세대를 향한 하나님의 열심이다. 20년 전 이 땅에 젊은이들의 열정이 담긴 찬양의 모임들을 시작하신 이는 바로 하나님이셨고 하나님의 열심으

15

로 찬양모임이 예배가 되게 하셨다. 20년이 지난 지금 이 땅에 하나
님은 젊은이들의 문화를 단순하게 수용한 찬양모임이 아니라 예배
자들이 하나님을 만나고 교제하며 그 영적교제 가운데에서 영적 회
복을 경험하는 예배를 찾으시는 것이다. 20세기의 현대문화를 넘어
21세기의 포스트모던의 문화시대에 서 있는 우리에게도 그 명제는 동
일하다. 이러한 관점에서 예배사역의 오랜 경험을 가진 이천 목사의
'찬양과경배'에 대한 예배적 의미의 연구 접근은 급변하는 시대적 요
구에 직면한 교회와 예배자들에게 이정표가 될 수 있을 것이다.

'찬양과경배'를 예배개념적으로 이해함의 의미

'찬양과경배'를 단순한 찬양모임이 아닌 예배로 이해하는 저자의
새로운 접근의 연구는 시대적 필요를 넘어선 선견자적 가치가 있다
고 할 것이다. 계시와 반응은 예배의 교제적 개념을 강조하는 의미임
을 우리 모두는 다 알고 있다. 예배의 한 부분인 찬양은 그러나 지금
까지 일방통행적 특성만으로 이해되도록 강조된 면이 있고 그것이
예배자들을 예배에 수동적으로 참여하게 하는 부정적 영향을 미친
것 또한 사실이다. 찬양의 양방향적 특성을 계시와 반응적 개념으로
조명한 저자의 식견은 그런 의미에서 이 시대 속에서 중요한 의미를
갖는다. 예전적 예배갱신운동과 '찬양과경배' 운동 안에서 동일하게
추구하는 예배의 본질적 회복의 중심인 계시와 반응의 개념적 연구
는 다가올 다른 세대와 예배에 대해서도 중요한 이정표가 될 것이다.

저자의 땀 흘린 연구의 결과물을 통해 한국교회의 예배가 생명력 있어지기를 기대한다. 계시와 반응의 회복이 있는 예배를 통해 이 땅의 새벽이슬 같은 주의 청년들이 주님의 가슴을 안고 찬양함으로 예배하며 나아오는 것을 소망하며 바라본다.

권광은 교수
(서울장신대학교 예배찬양사역대학원)

CONTENTS

예배는
하나님과의 만남이다!

개인이 하나님을 만나는 영성의 이야기는 방대한 영성신
학이다. 필자도 더더욱 공부해야 할 부분이다. 여기서 나누
고 있는 개인의 영성 및 개인의 예배가 영성신학을 전문으
로 하는 학자들이나 영성가들 눈에는 부족할 것이다. 그러
나 현장에서 찬양과경배가 있는 기존 예배나 찬양예배를 기
획하고자 하는 이들 및 찬양 인도자들이 찬양과경배의 개인
적 영성을 이해하는 데에, 그리고 찬양예배가 개인적 영성
과 공동체적 영성의 양 날개를 가지고 있음을 인식하는 데
에는 충분하리라 본다. 찬양예배를 온전히 이해하고 기획
하고자 할 때에는 찬양과경배의 개인적 영성적 차원의 이해
와 개인적 영성 부분과 공동체적 영성 부분의 균형과 통합
정신의 숙지를 반드시 가지고 있어야 한다. 예배의 개인적
영성의 부분에 대한 큰 그림을 가지는 시간이 되길 바란다.

1. 만남

(1) 만남의 개괄적 개념[1]

하나님께서는 설명되어지거나 개념되어지거나, 인간의 이성으로 알 수 있는 그러한 분이 아니시다. 그러한 모든 것을 뛰어넘는 스스로 계시는 분이시다. 그러므로 하나님을 알 수도, 볼 수도, 만날 수도 없다.

인식론적으로 고찰해 보면, 하나님은 스스로 계시는 진정한 주관적 실재이시다.[2] 객관적으로 개념화되지 않는 분이시기에 홀로 한분이신 실재이시다. 그러하기에 헬라식 사고로 하나님을 객관적으로 지적으로 정의하거나 이해하려하는 것은 무의미하며 진정한 실재이신 하나님을 하나님으로 아는 것이 아니다. 단지, 지적으로는 하나님을 인간 수준에서 이해할 뿐인 것이다. 그러한 인간의 이해는 실재이신 하나님과는 상관없는 지식인 것이라 할 수 있다.

그러나 하나님께서는 사랑이시다. 이는 절대자임에도 자신 및 자신의 권위를 베푸시고 나누신다는 것이다. 아니, 그분은 자신의 피조물과의 관계를 기뻐하신다. 그래서 자신을 계시하시고 나타내시며 또

---

1) 만남에 대한 좀더 깊은 고찰은 노영상(1996) 저, *예배와 인간행동*, 성광문화사. 을 보라.
2) 인식론적 고찰은 한수환(2004), *기독교인을 위한 인간학*, 지평. 을 보라.

한, 인간에 의해 경험되어지도록 허락하셨다. 즉 개념되어지고 이해되어지시어 인간이 관계 할 수 있도록 하신 것이다. 결국, 하나님은 인간과 사귐을 가지신다. 이토록 하나님을 만나고 경험하는 것은 인간으로부터 시작된 것이 아닌 사랑이신 하나님으로부터 시작된 것이다.

인식론적으로 살펴보면, 주관적 실재이신 그분은 인간의 이성으로 알 수 있는 그러한 분이 아니시지만, 사랑이신 성품에 근거한 그분의 계시와 나타내심에 의해 알려질 수 있으시다. 즉 인간은 그분의 나타내심을 경험함을 통해서 그분을 알 수 있다. 여기서 안다는 것은 단순히 지적으로 안다는 것을 의미하지 않는다. 그분은 영이시기에 인간은 그분과 영적인 경험을 통해서 그분을 알 수 있다. 이러한 영적인 경험은 그분의 사랑과 말씀 그리고 성령의 도우심에 근거하여 그분을 믿는 자 그리고 그분을 갈망하는 자에게 허락되어진다. 그러므로 이러한 만남은 단순히 지적으로 아는 것이 아니라, 실재적으로 경험되어지는 것이어야 한다. 그러하기에, 히브리식 사고로 그분의 사랑과 은혜의 허락 속에 사귐을 갖는 즉 그분을 경험하는 것을 통해 그분을 진정으로 맛보아 알 수 있다.

한편, 이제 이렇게 자신을 계시하시는 하나님으로 인해 인간 존재는 그런 하나님 및 하나님의 계시를 경험할 때 진정한 실존이 된다. 즉 하나님을 경험해야지만 진정한 주관적 존재가 되는 것이다. 이렇게 계시하시는 하나님이 인간 자신에게 드러나도록 또한, 경험되어지도록 하는 인간의 하나님을 향한 열망과 섬김을 신앙이라 하겠다.

창조이래로 주의 백성들은 자신을 계시하시고 말씀하시고 경험케 하시는 하나님과 관계하고 사귐을 가지기 위해 모든 노력 즉, 신앙적 노력을 아끼지 않아왔다. 피조물인 인간 존재 스스로가 자신의 존재의 실존을 위해 당연한 것이라 할 수도 있겠다. 앞서 살펴 본 것처럼, 진정한 실재이신 하나님과 관계되어 질 때 인간은 진정한 주관적 실재가 되는 것이기 때문이다. 그러므로, 그분을 온전히 만나는 것은 인간의 실존과 직결되는 우리 인생의 가장 큰 목적인 것이다.

(2) 두 가지 종류의 만남

첫째, 구원적 만남[3]

죄된 인간이기에 거룩하신 하나님과 만남의 가능성이 열려야 한다. 그러나, 이미 예수님께서 십자가로 만들어 놓으셨다. 그리고 성령의 도우심으로 하나님과의 만남이 가능하다. 성경에는 예수를 믿는 자만이 하나님의 자녀가 되어 이러한 가능성을 소유할 수 있다고 말씀하신다.

---

3) 구원적 만남 구원적 만남에 대한 정립은 안토니 후크마(1990), 류호준(2003) 역, *개혁주의 구원론*, 기독교문서선교회. 를 보라. 물론, 칼빈의 기독교 강요는 더한 자료가 될 것이다.

예수를 믿게 되면, 예수님을 인격적으로 만나게 된다. 그리고 성령님은 우리 안에 내주하신다. 하나님 아버지는 나의 아버지가 되신다. 이렇게 하나님 안에 속한 자가 되는 것이다. 이제 하나님께서는 영원히 우리와 함께 하신다. 이러한 만남을 구원적 만남이라 한다. 이는 단번에 일어나는 사건이며 칭의, 회심, 급진적 성화가 일어난다.

둘째, 점진적 성화적 만남

구원적 만남을 이룬 자들은 이제 하나님과 삶의 여정을 함께 하게 된다. 하나님 나라에 들어가서도 함께 할 것이지만, 이미도 그분과 동행하며 하나님 나라를 이루며 살게 된다. 그렇다면 매일의 삶 속에 그분과 만나서 사귐을 가져야 할 것이다. 하나님과 사귐을 갖게 되면 그분과 친밀하여지고 그분을 점점 닮아가게 된다. 즉 성령의 열매가 맺혀지고, 성숙하여지고 하나님의 자녀답게 되어져 간다. 이러한 삶의 여정 속에서의 하나님과의 만남을 '점진적 성화적 만남' 이라고 할 수 있다. 이는 삶 속에서 계속적으로 일어나는 것이다.

(3) 점진적 성화적 만남들 [4)]

간접적인 만남에서부터 직접적인 만남의 순으로 살펴보자.

첫째, 긍휼과 섬김으로

나보다 연약한 자를 돕다보면, 그들도 도움을 받지만 오히려 내가

찬양이 하늘에 닿다

자라는 것을 보게 된다. 즉 어느새 우리 안에 하나님의 성품이 형성되어져 가는 것이다. 그리고 이러한 형성으로 인해 도리어 더욱더 남을 돕고 섬기는 삶을 살게 된다. 내 안에 이러한 성령의 열매가 있고 성숙이 있다면 이미 나는 하나님과 만남을 갖고 있는 것이라 볼 수 있다. 내 안에 성령이 없이는, 내안에 주님의 역사하심 없이는 열매를 맺기란 어려운 것이다. 하나님은 작은 자에게 행한 것이 당신께 한 것이라 인정하신다.[5] 즉 세상 사람을 섬기는 그들과의 만남 속에서 하나님을 만나고 있는 것이다.

둘째, 기독교 세계관을 삶에 실천함으로

삶의 현장에서 기독교적 정신으로 거룩하게, 아름답게 하나님의 법을 적용하며 살아가는 것이다. 그러면 그 삶의 현장이 하나님의 나라가 되어간다. 마치 예수님이 성육신하여 인간에게 오신 것처럼 우리가 삶의 현장에 작은 예수가 되어 들어가는 것이다. 이것을 다른 말로 표현하자면 성육신적 영성이라고도 한다. 이렇게 살다 보면 어느새 자신이 예수님을 나타내는 삶을 살고 있게 된다. 세상의 빛과 소금으로 말이다. 주위 사람들에게 축복의 통로가 되어 가고 성령의 열매가 맺혀져 다른 사람들이 그 열매로 풍성함을 누리게 된다. 결국, 이것 또한 이미 하나님과 만남을 갖고 있다는 증거가 되는 것이다.

---

4) 다양한 만남 및 영성의 지류는 리차드 포스터(1998), 박조앤(2000) 엮 *생수의 강*, 두란노. 를 보라
5) 마 25:40, 마 10:42, 막 10:44

셋째, 성경공부를 통해서

말씀을 듣거나 읽는 것을 통해서 우리는 하나님의 어떠함을 배우게 된다. 이렇게 배우다 보면, 하나님이 깨달아지고 하나님을 알아가게 된다. 어느새 내 안에 하나님이 자리 잡게 된다. 하나님의 생각으로 생각하게 되고 그 생각에 따라 살게 된다. 그러다 보면 삶의 열매가 나타날 것이다. 성령의 열매가 말이다. 그렇다면 이렇게 지적인 공부를 통해서 이미 하나님과 만남을 갖고 있던 것이 된다. 하지만 지적인 신앙으로 전락해 버리는 경우가 허다함을 명심해야 한다. 그러나 분명 이를 온전히 하게 될 경우 하나님과 깊은 사귐을 갖게 될 것이다.

넷째, 말씀 묵상을 통해서

말씀 묵상과 성경공부 둘 다 말씀을 통해서 열매가 맺어지고 하나님을 알아 가는 데에는 차이가 없다. 그러나 전통적인 말씀 묵상이 성경공부와 차이가 나는 것은 그 목적에 있어서 말씀을 통해서 하나님을 지적으로 이해하기 위함이기보다 말씀 묵상중 영적인 경험을 통해서 하나님과의 만남을 갖고자 하는데 있다고 하겠다.

전통적으로 묵상을 하는 데 있어서 하나님의 말씀이 하나님 곧 자신이시다라는 믿음 아래 말씀을 읽고 듣는 것을 통한 말씀의 계시가 단순히 지적으로 다가오는 것이 아니라, 전인적인 능력으로 오는 것이라 본다. 즉 계시경험을 통한 하나님 경험으로 본다. 그러므로, 말

쯤 묵상을 하는 삶은 하나님과 사귐이 있는 동행하는 삶인 것이다.

다섯째, 성례를 통해서

성례란 상징과 상징적 경험을 통해서 하나님을 만나는 것이다. 가톨릭은 일곱 성례가 있고 개신교는 세례와 성만찬을 성례로 인정한다. 세례의 경험은 구원적 만남의 경험과 관련이 있다. 반면, 성만찬의 경험은 하나님과의 점진적 성화적 만남 속에서 갖는 성례이다. 성만찬을 기념함으로 우리는 예수님을 기억하고 신비적인 임재를 경험하고 더 나아가 앞으로의 신앙적 힘을 부여 받을 수 있다. 그러므로 성만찬은 하나님과의 만남적 생활에 있어서 또 하나의 중요한 내용이겠다. 그러나 단지 일 년 중 몇 번의 주일에 성만찬을 경험하는 것을 통해서 하나님과의 만남이 깊어진다고 보면 오산일 것이다. 그리고 형식으로 끝나버리는 오류를 낳을 수도 있다. 그래서 보다 많은 횟수의 성만찬 및 영적 임재적 성만찬으로의 노력들이 강조되고 있는 것이다. 어찌되었든 성만찬도 하나님과의 만남의 큰 통로임에 분명하다.

여섯째, 기도를 통해서

기도를 단순히 하나님께 간구하는 예배적인 하나의 요소로만 인식한다면 모르겠지만, 광의적 해석으로 볼 때 기도란 하나님과의 대화이다. 이는 직접적인 하나님과의 사귐의 방법이겠다. 직접적인 방법 가운데 가장 정형화된 방법이겠다. 다른 어떤 것을 거치지 않고 하나님과 직접 만나는 것이다. 이는 영이신 하나님과 말 또는 대화를 통해서 직접적으로 관계하는 것이다. 이렇게 영이신 주님과의 직접적인 관계는 분명 성령의 도우심으로 가능하겠다. 성령의 도우심으로 하나님과 영적인 대화를 통해 하나님과 교제를 하다보면 그분과 친밀하여지고 하나님을 닮아가게 된다. 기도는 이러한 가장 정형화된 직접적 만남인 것이다.

일곱째, 영적 은사를 통해서

영적인 은사를 갖게 되고 발휘하게 되고 다른 이들을 섬기게 되면, 또한 성령의 덧입힘으로 능력 있게 사역하게 되면 교회가 든든히 세워지고 하나님의 나라가 이루어져 예수님께서 영광을 받으신다. 이는 능력의 예수님을 드러내는 것이 되기 때문이다. 영적 은사는 영적 만남 및 영적 열매와 밀접한 관계가 있다. 결국, 성령의 은사로 성령을 나타내는 삶은 분명 하나님과 만남이 있는 삶이라 하겠다. 그러나 영적 은사를 많이 활용하고 산다고 해도 열매가 반드시 많은 것은 아니라는 사실을 기억해야 한다. 영적 은사가 분명 성령의 열매 맺는 삶과 깊은 관련이 있고 큰 영향을 줄 수 있지만 절대적이지는 않다. 영적 은사는 그 주요 목적이 하나님의 능력을 드러냄으로 하나님의 복음이 전파되는 데에 있기 때문이다. 하지만 영적 은사를 가지고 있는 많은 주의 백성들이 하나님께 더 가까이 나아가 주님의 능력을 경험

하기에, 깊은 만남을 사모한다면 하나님과 더욱 친밀하여 지는 데에
큰 도움을 받을 수 있을 것이다.

여덟째, 신비적 경험을 통해서

하나님의 임재를 신비적으로 경험하는 것으로 가장 직접적인 만남
이라 하겠다. 어떠한 통로도 없이 침묵 가운데 하나님을 경험함으로
만나는 것이다. 이러한 신비체험은 오랜 전통과 역사를 가지고 있다.
대표적으로 신비체험의 과정을 정립한 것이 십자가의 성 요한의 '세
가지 길' 이다. 정화, 조명, 일치(정반합)라는 단계를 따른다.[6]

그런데 이러한 신비체험은 침묵 가운데서 만이 아니라 다른 요소를
통해 임재경험을 하는 것과 통합되어 보통 일어나기도 한다. 즉 기도
적(또는 사색적) 방법과 찬양적 방법, 관상적 방법, 성만찬적 방법 등
이겠다. 그 대표적인 것들은 기도적 사색적 방법의 로렌스 형제의 임
재연습, 찬양적 방법의 떼제 공동체의 찬양, 관상적 방법의 렉시오
디비나 이전의 수도원 영성적 책 읽기 전통[7] 등이겠다. 이러한 직접
적인 임재경험 및 신비체험은 하나님과의 가장 직접적인 만남을 추
구하는 것들이 되겠다.

---

6) 호안 가렛드(1994), 서울 가르멜 여자 수도원 역, *십자가의 성 요한의 영성*, 서울, 가톨릭출판사 를 참
   조하라. 좀 더 간략히 이해하고자 한다면, 송인설(2003). *영성의 길 기도의 길*. 겨자씨 를 보라.

7) 관상 및 전통적 영성 책읽기 및 렉시오 디비나 에대한 내용은 허성준(2003). *수도 전통에 따른 렉시오
   디비나*. 분도 출판사 를 참조하라. 이도 간략히 이해하고자 한다면 송인설의 책을 보라.

찬양과경배는 전통적 교회음악이나 예전적예배보다 위와 같은 비예전적이며 은사적인 교회 및 신앙에 그 뿌리를 두고 있다. 그래서, 찬양과경배는 이를 통해서 하나님과의 만남과 사귐을 갖고자 하는 영성적 목적을 강하게 가지고 있다. 그래서 음악을 통해서 하나님을 높이고 하나님의 말씀을 찬양으로 선포한다는 전통적인 교회음악의 목적과는 다르다고 하겠다. 그래서 좀 과격하게 말하여 은사적 성향이 강한 찬양과경배일수록 노래의 가사적 내용이나 음악적 이해에는 큰 상관을 두지 않는다. 그 음악과 노래를 통해 하나님을 만나는 임재경험 및 신비체험을 하도록 하는데 관심이 있다. 그래서 음악은 임재경험과 신비체험을 돕는 역할을 할 뿐이다. 떼제 찬양의 경우가 그 예이다. 떼제 찬양은 사실상 그 가사에 큰 의미를 부여하지 않는다. 간단한 찬양의 반복을 통해 하나님을 경험하는데 그 목적이 있다.

이처럼 찬양과경배는 한 방향성을 가지고 응답적 역할만을 또는 선포적 역할만을 했던 하나의 순서로써의 찬양을 이야기하는 전통적인 교회음악과는 달리 양방향성의 만남과 신비적 체험을 강조하는 그래서 점진적 성화를 목적으로 하는 개인의 영성에 그 뿌리를 두고 있는 것이겠다. 이를 이해함이 중요하겠다.

한편, 위에 열거한 다양한 성화적 만남의 방법들을 어느 하나 놓치지 않고 자신의 것으로 만들어 하나님과 평생에 함께하고 사귐을 갖는 삶을 산다면 가장 좋은 것이라 할 수 있다. 이러한 만남들을 통해

예배자 모두가 진정한 실존으로 날마다 새롭게 태어나길 간절히 기
도해 본다.

2. 개인적 예배

(1) 개인적 예배 기본 개념

위에 연결한 것들을 살펴보면서, 개인적 예배라 할 때는 두 가지 차
원의 의미가 있다고 정리할 수 있겠다.

첫째, 큰 의미로써 개인적 예배는 앞에 열거한 모든 하나님과의 만
남들을 개인적 예배라 할 수 있다. 묵상도 찬양하는 것도 개인적 예
배다. 심지어 남을 섬기는 것도, 성육신적인 삶도 개인적 예배다. 이
는 주님을 닮아가는 예배자적인 삶을 의미하는 것이다.[8]

둘째, 그러나 좁은 의미로서의 개인적 예배는 바로 임재 경험을 이
야기한다. 어느 때든지 어느 곳이든지 갈망함으로 바랄 때 하나님은
보편적 임재를 넘어 예배적 임재를 허락하신다. 그리고 믿음의 자녀
들은 예배자가 되고 그 순간 그곳에서 임재 경험을 할 수 있다.

---

8) 롬12:1,

(2) 개인적 예배의 영성적 이해 1 - 임재

작은 의미에서의 개인적 예배 또는 하나님과의 만남, 사귐은 하나님이 임재하지 않으시면 불가능하다. 또한 하나님께서 말씀하지 않으시면 하나님과의 사귐을 가질 수 없다. 그러므로 예배는 하나님의 사랑과 은혜에 근거하며 하나님으로부터 시작된다.

임재는 하나님의 함께하심이다. 임재는 만남의 기초이다. 하나님께서 사랑으로 임재하여 주시고 주의 백성은 임재하신 하나님을 임재 경험하게 됨으로 만남을 갖는 것이다. 임재는 세 가지로 나눌 수 있는데, 첫째, 보편적 임재이다. 전능하시며 사랑이신 하나님은 온 땅에 편만하시다. 그래서 만백성이 그분을 만날 수 있는 가능성을 은혜로 열어 놓으셨다. 이를 보편적 임재라 한다. 둘째, 구원적 임재이다. 그 광대하신 하나님께서 내 안에 거하시는 것이다. 그를 믿는 자 안에만 영원히 임재하신다. 이를 구원적 임재라 한다. 하나님을 믿음으로 구원적 임재를 소유한 자만이 평생에 하나님과 동행할 권리를 갖게 된다. 셋째, 예배적 성례적 임재이다. 구원적 임재를 소유한 자들이 하나님을 순간순간마다 만나 사귀려고 할 때 특히, 공동체로써 하나 됨으로 함께 모여 하나님을 만나고 사귀려 할 때 지존하신 그분이 인간과 사귐을 갖기 위해 어떤 장소와 시간 안에 제한적으로 임재하시고 나타나시는 것이다.

예배적 임재에 대한 구약에서의 단적인 예는 바로 모세의 성막이다. 광대하신 하나님께서 성막 안 지성소의 언약궤 위에 임하시겠다고 약속하셨다. 또한 이 언약궤가 성전 안에 놓이게 되면서 하나님은 성전 안에 임하셨다. 그러나 이러한 정형화된 장소는 신약에 와서 예수님의 신령과 진정의 예배 선포를 통해서 달라진다. 정형화된 장소가 아닌 어느 곳이든지 어느 시간이든지 개인적으로 하나님의 오심을 경험하고자 하여 간구할 때 성령의 도우심으로 하나님을 임재경험할 수 있다. 특별히, 개인적으로 예배하고자 하나님의 오심 즉, 임재를 청하고 기도하면 하나님께서는 임하셔서 개인예배의 주인이 되어 주시고 예배자는 성령의 도우심으로 하나님을 임재경험 및 만날 수 있게 된다. 또한, 두세 사람이 하나님의 이름으로 모여 예배하면 그곳 그 시간이 예배의 장소요 시간이 된다. 즉, 하나님의 예배적 오심의 성취가 이루어진다. 그래서 예배공동체는 하나님을 만날 수 있다.[9] 예배의 모든 행위는 살아계신 예수께서 그를 따르는 사람들과 함께 계시기 위해 오시는 기적을 새로이 경험하기위한 것이겠다. 역사적으로 내려오는 예배 가운데 임재를 위한 청원기도는 바로 하나님께서 공동체 예배중에 임재하셔서 예배자들에게 임재경험 되어 주시기를 간구하는 기도이겠다.

우리 믿는 자는 구원적 임재와 보편적 임재 그리고 예배적 임재를 잘 이해해야 할 것이다. 보편적 임재는 만민을 만나주시고 만민을 구

---

9) 두세 사람이 내 이름으로 모인 곳에는 나도 그들 중에 있느니라 (마 18:20)

35

1장 · 개인예배

원하고자 하시는 하나님의 사랑에 근거가 되는 것이며, 구원적 임재는 주를 믿고 구원받아 주의 사람이 되는 것에 근거가 되는 것이며 예배적 임재는 하나님과의 순간순간적 만남으로 주와 친밀하여 지고 닮아가고 성숙하여지는 그래서 하나님 나라의 백성답게 되어져 가는 것에 근거가 되는 것이다.

(3) 개인적 예배의 영성적 이해 2 - 계시

첫째, 계시는 창조의 근원이다. 말씀이신 그분이 말씀함으로 세상과 인간을 창조하셨고 역사는 시작되었다. 둘째, 계시는 사귐의 기초이다. 창조주이신 그분이 피조물인 인간을 사랑하사 우리와 관계하시기로 우리와 사귀시기로 결정하셨다. 그래서 우리를 부르시고 말을 걸어주셨다. 이렇게 말을 걸어 주셨기에 우리는 의미 있는 존재가 되었고 그분과 사귐을 가질 수 있게 되었다. 하나님께서는 유일하게 말씀과 행동이 일치하시는 분이시다. 즉 말씀을 이루시는 분이시다. 또한, 그분은 말씀 자체이시다. 예배는 말씀이신 그분을 경험하고 그분의 말씀을 듣고 받음이 이루어지는 것이다. 다양한 놀라우신 하나님의 말씀 및 말씀 자체이신 예수님이 성령 안에서 백성에게 경험된다. 그리고 성취된다.

계시는 세 가지 종류가 있다하겠다. 첫째, 성경 말씀 그대로를 선포하는 또는 말씀 그대로를 직접 읽고 믿음으로 받아들이는 것 등의 직접적 정형의 계시(FORMAL KERYGMA)다. 둘째, 말씀을 묵상하여 설교자 자신의 것으로 해석하여 전달하는 또는 회중이 자신의 것으로 해석 적용하여 받아들이는 간접적 정형의 계시(INFORMAL KERYGMA)이다. 셋째, 선포되어지지 않고 상황이나 환경 속에서 자신 스스로에게 주어지는 비정형의 계시(NONFORMAL KERYGMA)이다.

　대화란 주고받음이겠다. 하나님께서 말씀하시고 인간이 듣고, 또한 인간이 말하고 하나님께서 듣는 대화가 일어나야 정상적인 커뮤니케이션이요, 관계형성인 것이다. 예배학적으로 정립하면 하나님의 계시와 백성의 응답이라 할 수 있다. 또한 계시에 대한 응답이라고 할 때, 계시에 대한 반응과 응답을 구분하여 이해할 필요가 있다. 대화는 서로 간에 이루어지는 것이며 주체와 객체가 엇갈리어 역할을 가진다. 하나님과의 사귐의 대화도 마찬가지다. 하나님께서 주체가 되어서 말씀하시는 것은 계시이다. 그리고 이에 대해 객체가 되어 인간이 듣는 것은 반응하는 것이다. 반대로, 인간이 주체가 되어 하나님께 말하는 것은 응답이다. 그리고 하나님이 객체가 되어 인간의 응답을 받으시는 반응이 열납이다.

계시 - 하나님 주체	열납 - 하나님 객체
(적용적) 반응 - 인간 객체	(감사적) 응답 - 인간 주체

　여기서, 인간의 주체적 말함을 응답이라 정의하는 것은 인간이 먼저 말하는 것이 아니기에 단순히 말함이라 정의하지 않고 하나님께

서 말함으로 인해 그 대답으로 말하게 되는 것이어서 그러하다. '감사적 응답'이라고 하는 이유는 억지로가 아닌 자발적인 것이기에 그러하다.

위의 내용을 계시의 세가지 종류와 연결하여 계시경험으로 정리해 보면 다음과 같다.

첫째, 직접적 정형의 말씀에 의한 계시 경험이다. 이는 성경말씀 또는 찬양의 가사 등의 눈에 보이는 1차적 말씀, 성례 및 상징을 통한 직접적 계시를 그대로 받아 경험하는 것을 말한다. 예를 들면, 어떤 성경구절을 읽을 때 문자적인 그 말씀 그대로를 하나님의 말씀으로 듣는 것이다. 로고스적 말씀이 바로 레마의 말씀이 되는 것이다. 그리고, 그 말씀대로 행하거나 마음에 새기는 것이다. 그리고 그 말씀에 근거하여 응답을 주님 앞에 올려드리는 것이다. 예수님은 말씀이시다. 말씀 그대로를 믿음으로 받아들이고 새기고 준행할 때 그 말씀은 생명이 되어 예배자의 영혼에 파고 들어온다. 그리고 그 말씀에 근거하여 응답으로 감사와 찬송과 결단과 헌신을 올려드리면 하나님께서 기쁨으로 흠향하시고 열납하신다. 그리고 예배자는 성령의 열매를 맺어가며 하나님을 닮아간다. 사귐은 이렇게 깊어진다.

둘째, 간접적 정형의 말씀에 의한 계시 경험이다. 이는 성경말씀 또는 찬양의 가사 등의 1차적 말씀 및 성례 및 상징을 통한 직접적 계시에 근거한 후 묵상되고 해석되어 2차적 개인의 창조적 말씀으로 계시되는 것을 말한다. 예를 들어, 찬양중 가사에서 1차적으로 부흥을 주신다는 가사가 있을 때, 성령의 도우심으로 묵상하여 부흥을 주신다는 말씀을 근거하여 창조적 계시가 마음에 떠올른다. '그 부흥은 바로 너로부터 시작하여라' 이렇게 로고스적 그대로의 말씀이 아닌 묵상 및 해석된 말씀이 레마의 말씀으로 들려온다. 그러면 역시 예배자는 그 말씀을 듣고 새기고 준행한다. 그리고 그 말씀에 응답적으로 감사와 찬양과 결단과 헌신을 올려드린다. 하나님은 흠향 및 열납하신다. 예배자는 하나님을 닮아간다. 아버지의 형상대로.

셋째, 비정형의 말씀에 의한 계시 경험이다. 이는 성경말씀이나 가사, 성례, 상징 등의 직접적 계시가 아닌 상황 또는 현상에 따른 창조적 비정형의 계시 경험을 말한다. 예를 들어, 교회 안으로 들어오면서 안내자와의 다정한 인사가운데에서 은혜를 경험할 수가 있다. 교회 잘 안나오던 친구가 앞좌석에 앉아 기도하는 모습을 보면서 하나님의 포기하지 않으시는 사랑을 계시로 경험할 수 있다. 주보를 보다가 파송된 선교사의 이름을 살펴보면서 그를 위해 기도해야겠다는 생각이 마음에 떠오를 수 있다. 바로 이것이 비정형의 계시 경험이겠다.

(4) 개인적 예배의 영성적 이해 3- 임재와 계시의 관계

하나님과의 만남 즉, 개인적 예배는 이러한 임재와 계시를 통해서 이루어진다. 임재냐 계시냐의 문제가 아니라, 임재와 계시가 통합적으로 일어나는 것이다.

　그러므로, 이제는 통합적 이해를 가져야 한다. 통합적 이해를 설명하기 위해 하나의 모토를 세워보고자 한다 "계시는 전인적 임재로, 임재는 전인적 계시로"이다. 계시의 입장에서 예배와 음악을 살펴보면, 음악이 커뮤니케이션의 도구로써 하나님을 높이는데 인간의 높임 메시지를 전달하는 역할을 하는 것 그리고 하나님 말씀의 전달로써 하나님 메시지를 선포하는 것이라는 이해를 가지고 있다하겠다. 그러나 이러한 메시지가 단순히 이론적인 지적인 것에서 머무르면 안 된다. 우리의 높임 메시지는 상달되어 하나님이 흠향하셔야 한다. 그리고 하나님의 메시지는 백성의 영 · 혼 · 육에 파고들어서 생명으로 작용하여야 한다. 음악이 음악에서 멈추어서는 안 된다. 음악을 통한 계시가 들려 온 후 그 계시의 말씀이 살아 역사하여야 한다. 물론, 1차적으로는 메시지 전달 역할을 하여야 할 것이다. 그래야 본연의 기본적 의무를 하는 것이다. 그러나 그것만으로는 안 된다. 그것을 넘어 하나님과의 영적 만남을 주선해야만 한다. 그래야 음악의 역할이 끝나는 것이다. 이렇게 계시는 지적인 것을 넘어서 전인적 임재 경험으로 들어가야 한다. 그렇지 않다면 과연 계시 즉, 살아있고 능력 있는 하나님의 말씀을 경험한 것이라 할 수 있겠는가?

　임재 입장에서 볼 때, 음악은 하나님을 만나는 도구이다. 심지어 그 내용과 상관없이 영적 분위기 조성 및 감정을 자극하여 하나님과의 만남을 이루도록 하는 것이다.[10] 그러나 단순히 하나님과의 만남으로 끝이나면 안 된다. 신비적인 공항상태만을 경험하는데서 끝나면 안 된다. 사귐이 있어야 한다. 친밀함과 만지심이 있어야 한다. 즉 영·혼·육에 살아있는 말씀으로 파고 들어가야 한다. 하나님의 예배적 임재 가운데 우리는 하나님을 임재 경험하게 된다. 그러면 계속적으로 우리의 마음은 치유를 경험하게 된다. 우리의 머리는 지혜와 말씀과 비전을 받게 된다. 우리의 영에선 어둠의 세력들이 물러간다. 우리의 육은 치유되기 시작한다. 즉 임재 가운데 지적·심적·영적·육적 깨달음과 만지심이 일어난다. 이를 전인적 계시라 정의한다면 바로 임재는 전인적 계시로까지 충만이 역사되어야 하는 것이다. 즉 예배적 임재 가운데 예배자가 임재를 경험함으로 모든 예배자의 삶의 영역에서 하나님이 일어나고 나타나는 전인적 계시가 이루어져야 한다.그렇지 않다면 과연 임재경험을 했다고 볼 수 있겠는가?

이러한 사고는 앞으로 찬양과경배가 어떠해야함의 기초가 된다. 찬양과경배는 임재와 임재경험을 추구하는 은사적 뿌리를 가지고 있다. 그러나, 전인적 계시로까지 충만이 역사되어야 한다. 그래야만, 신비

---

10) 토저는 예배는 감정적이어야 한다고 역설한다. 전적으로 동감한다. 혹자들은 감정이 경박한 것처럼 예배 때 감정이 사용되면 경박한 것처럼 이야기한다. 그러나. 그것은 오해를 넘어 잘못된 이해이다. 우리를 사랑하시는 하나님을 우리도 사랑하는 것이 정상이고 안타까워하시는 하나님 앞에 괴로워하는 것이 정상이다. 또한, 주를 기뻐하는 것이 우리의 힘이다. 감정이 없는 예배는 예배가 아니다. 이러한 내용은 A W 토저/ 이용복 역(2006), *이것이 예배이다*(WORSHIP THE MISSING JEWEL, 1997), 규장. 이나 TENNY, TOMMY. / 배응준 역(2005). *하나님께 굶주린 예배자*(DESTINY IMAGE PUBLISHERS, 2002). 규장. 을 보라.

주의에 빠지지 않고 진리가 역사하는 신비적 임재경험을 제공 할 수 있기 때문이다. 또한, 기존 예배와의 통합을 고려할 때 찬양과경배를 계시로부터 이해할 수 있어야 한다. 왜냐하면, 기존 예배에서의 계시와 응답의 순서적 역할을 감당해야 하기 때문이다. 그렇지만, 단순히 순서적 역할뿐 아니라 그 순서를 넘어서 임재경험까지를 이루게 할 수 있는 예배적 요소가 되어야 할 것이다. 이런 두 가지 사고를 통합적으로 가지고 있을 때에만 찬양과경배가 통합적인 제 역할을 감당할 수 있는 것이겠다.

찬양이 하늘에 닿다

예배의 형식과 본질은
어떻게 다른 건가?

이 책이 추구하고 있는 것 가운데 하나는 '공동체 예배 안에 어떻게 찬양과경배의 통합을 이룰 것이냐' 이겠다. 그러므로, 공동체 예배에 대한 이해를 온전히 가지고 있어야 한다. 본 저서는 문화연구와 연결하여 예배공동체 문화연구에 대한 기본적 설명과 예전개혁과 BEM문서 그리고 4중 구조를 근간으로 공동체 예배형태의 신학을 정립하고 있다. 정립한 내용은 기존 예배뿐 아니라 찬양예배까지도 성경적으로 신학적으로 바르게 세우는 데에 기반이 될 수 있음을 역설하고 있다. 결론적으로 각각의 지엽적 특성을 살린다는 철학을 기반으로 하면서도 각 교회가 모델 삼을 수 있는 4중 구조에 근거한 예배구조 모델과 예배형태 모델을 제시함으로 2장을 마무리하고 있다. 심지어 찬양과경배가 포함된 예배 구조 및 예배 모델도 4중 구조에 근거하여 펼쳐 보임으로 기존 예배형태를 발전시킴과 아울러 찬양과경배의 장점이 서려있는 공동체 예배에로의 발전을 도모하고 있다. 아무쪼록 신학적으로 올바른 찬양예배의 등장이 더더욱 나오길 간절히 바라며 2장을 열고자 한다.

1. 인간됨의 공동체성

하나님께서는 삼위일체 하나님이시다. 그리고 독처하는 것이 보기 좋지 않으시어 남자와 여자를 만드셨다. 그리고 두 세 사람이 함께 하나님의 이름으로 모인 곳에 하나님께서 거하시겠다고 하셨다. 즉 인간은 공동체로 부름을 받았다.

인간은 함께하여야 한다. 함께할 때 진정한 인간일 수 있다. 인식론적으로 볼 때, 인간과 인간의 관계 속에서도 인과율적 객관적인 헬라식 사고로 서로를 인식하려 할 때는 진정한 주관적 실재로 서로에게 관계되어 지지 않는다. 내가 주체가 되어 상대를 인식하려 할 때는 더 이상 상대는 주관적 실재가 아닌 객관적 실체가 되어 버린다.

진정한 실재이신 하나님과 객관적이지 않은 방법인 임재 경험이라는 주관적 방법으로 사귐을 갖는 것처럼, 인간과 인간도 주관 대 주관의 인격적 관계를 가지게 될 때 진정한 존재가 되는 것이다. 다시 말해, 남을 인식하거나 소유하려 하는 것이 아닌 마음을 다해 섬기고자 하고 있는 그대로를 존중하고 사랑하고자 할 때 인간과 인간은 진정한 관계를 맺을 수 있다.

마태복음 5장 24절에는 "예물을 제단 앞에 두고 먼저 가서 형제와 화목하고 그후에 와서 예물을 드리라"는 말씀이 나온다. 이 말씀을 잘 묵상해 보면 형제와 하나됨을 예배와 바꿀 정도로 귀하게 여기시

45

는 그러한 하나님인 것에 대해 알 수 있다. 다시 말해, 하나님과 백성과의 만남을 포기할 정도로 형제들 간의 하나됨을 귀하게 여기시는 것이다. 그러므로 진정으로 하나님과 사귐을 갖는 자는 형제와도 온전한 사귐을 갖게 되는 것이며 그렇게 한 몸된 백성들이 함께 다시 주님 앞에 나와 하나님과 한 몸 된 공동체로써 확장된 또 다른 차원의 만남 그리고 사귐을 갖게 되는 것이다. 이것이 공동체 예배인 것이다.

그렇다면 개인적 예배뿐 아니라, 공동체적 예배도 온전히 드릴 수 있어야 진정한 예배자가 되는 것이겠다. 공동체 예배는 단순히 개인예배와 다른 형태의 예배임을 넘어 개인예배와 함께 예배자가 예배자 되기 위해 필요한 예배의 양 날개 가운데 하나인 것이다.

2. 공동체 예배

(1) 공동체 예배의 근간들

첫째, 공동체 예배는 개인이 공동체로 모여 함께 예배하는 것이기에 두 가지 면이 존재한다. 공동체로 모여서 예배하지만 개인의 영성적 체험은 보장된다. 당연히 각자 개인이 자발적으로 하나님을 만나는 개인적 임재경험이 있어야 하겠다. 또한 한편으로는 예배적 임재

가운데 공동체로써 공동의 계시와 응답을 경험함으로 공동체적 임재 경험을 하게 된다. 개인으로써 서로 각자 스스로 하나님과 사귐을 갖는 예배자들이 함께 하는 모임이라는 면과 개인이 아닌 함께 같은 계시와 응답 속에서 공동체로써 하나님과 사귐을 갖는 모임이라는 면, 이 둘은 어느 쪽이 희생되거나 양보되어지는 것이 아니라, 함께 존재되어지고 보완되어지고 통합되어져야 하는 것이다. 통일성 및 보편성은 개인의 보장이 있을 때 가능하기 때문이다. 그러므로 공동체 예배에는 개인적인 하나님과의 만남 및 사귐과 공동체로써 하나님과의 만남 및 사귐이 공존하여야 한다.

이런 점에서 하나님의 예배적 임재와 예배자의 임재경험은 두 가지 차원이 존재한다고 할 수 있겠다. 아래 표와 같이 구분하여 정리해 볼 수 있을 것이다. 그러나 이것은 엄연히 이론적인 것이고 실제는 동시적으로 일어날 것이다.

	하나님의 예배적 임재	예배자의 임재경험
개인적 차원		
공동체적 차원		

둘째, 예배자들 간의 하나 됨이 공동체 예배의 근간이 된다. 주관 대 주관의 인격적 관계, 차별이 없고, 갈등을 뛰어넘는 사랑과 섬김의 하나 됨이 있는 공동체가 선행되어야 공동체 예배는 성립할 수 있

다. 그러므로 공동체 예배는 훈련이며 성숙이며 아름다움이다. 예배자는 개인의 삶뿐 아니라 공동체적 삶 속에서 거룩하도록 노력하여야 한다. 하나 됨이 깨어지면 공동체 예배는 더 이상 예배일 수 없다.

셋째, 개인적 예배의 차원을 보장한다는 전재 하에 공동체 예배는 공동체가 함께 공동의 계시를 경험하고 공동의 응답을 올려야 하기에 질서와 형식을 요하게 된다. 그리고 그 질서와 형식은 하나님과의 공동체적 사귐을 위해 존재하는 것이다. 여기서, 예배의 본질과 형식이라는 두 개념이 나타나게 된다. 개인이 혼자 하나님과 만남을 갖게 될 때는 본인이 원하는 데로 하나님과 사귐을 가지면 되기에 특별한 예배형식이라는 것이 필요 없을 수 있다. 그리고 개인 예배의 형식은 곧바로 본질과 연결될 수도 있겠다. 자신이 본질을 위해 자발적으로 원하여 형식을 취하기 때문에 그러하다. 그러나 공동체가 하나님과 사귐을 갖게 될 때는 자신만이 원하는 데로 할 수 없다. 서로가 양보하고 이해하여 하나된 형식을 만들어야만 한다. 그러므로 공동체 예배에 있어서는 자신이 원하는 것과 다른 부분들이 존재하기에 양보와 함께 마음을 쏟는 노력을 하지 않으면 자칫 예배 형식이 본질과 상관없을 수 있다. 공동체 예배로 이처럼 하나된 형식을 위해 함께 노력하는 것이 중요하다.

(2) 공동체로서 예배한다는 것의 신학적 의미

주요 세 가지만을 살펴보고자 한다.

첫째, 지상명령에 대한 순종이다. 교회는 땅 끝까지 이르러 주를 증거 하여야 하고 온 땅이 주를 예배하도록 해야 한다. 그러므로, 공동체 예배는 믿지 않는 자를 믿게 하여 함께 나아와 예배한다는 의미를 가진다. 그런 의미에서 전도 및 선교와 공동체 예배는 깊은 관련을 갖는다. 그러하기에 공동체 예배는 선교적 예배가 되어야 한다. 선교의 목적은 하나님을 예배하는 데에 있다.

둘째, 교육의 장이다. 교회는 자녀들에게 주를 가르쳐야 한다. 그래서, 온 세대가 주님을 알고 주님을 예배하도록 해야 한다. 더 나아가 영적 어린아이들도 가르쳐야 한다. 그러므로 공동체 예배는 자녀 및 영적 자녀를 가르쳐 함께 예배한다는 의미를 가진다. 그런 의미에서 교육과 깊은 관련이 있다. 그러하기에 공동체 예배는 교육적 예배여야 한다. 교육의 목적도 하나님을 예배하는 데에 있다.

셋째, 코이노니아의 장이다. 교회는 서로를 격려하고 권면하고 위로하고 세워주어야 한다. 그래서 서로가 자라가도록 해야 한다. 함께 지어져 가는 것이다. 예배자 서로는 하나님께 더 가까이 나아가도록 독려되어야 한다. 이것이야 말로 혼자는 할 수 없는 진정한 공동체적 특징 중 하나이겠다. 그러므로, 공동체 예배는 격려와 위로라는 의미

49

를 갖는다. 그런 의미에서 교제와 깊은 관계성을 가진다. 그러하기에 공동체 예배는 교제적 예배이어야 한다. 교제의 목적도 바로 하나님을 예배하는 데에 있다.

(3) 예배 공동체 문화 연구

앞서 공동체 예배는 공동의 질서와 형식이 필요하다하였다. 그렇다면 본질을 잘 도울 수 있는 공동체 예배의 형식은 어떻게 이루어져야 하는가? 이 문제를 살펴보기에 앞서, 예배 형식을 만들려면 그 예배자들의 문화를 먼저 잘 알아야 할 것이다. 그리고 그 문화와 어떤 관계성을 가질지를 결정해야한다. 그래야만, 예배 공동체가 예배할 수 있는 형식을 제대로 만들 수 있는 것이겠다. 예배공동체의 문화에 이질적이고 효력 없는 공동체 예배형식을 구성할 때 그 예배는 더 이상 본질을 가져오는 형식이 되지 못하는 것이다. 그러므로 문화의 변화에 따라 예배 형식도 변화되어야 하는 것이며 기독교 예배는 기독교 정신을 따라 늘 개혁적이어야 하는 것이다. 이것이 올바른 현대 복음주의적 정신이겠다.

첫째, 예배자의 문화를 알아야 한다.

공동체 예배는 개개인이 예배하는 것이 아닌 함께 모인 공동체가 예배하는 것이기에 예배자들의 하나 된 형식을 만들어 내야한다. 그러한, 예배 형태는 공동체 개개인의 특성을 저해하지 않으면서도 하나로 아우를 수 있는 더 나아가 공동체의 특징 및 장점을 나타내 줄 수 있는 그러한 것이어야 하고, 공동체로써 하나님과 사귐을 갖게 돕는 그러한 것이어야 한다. 이 목적을 기본으로 한 예배형태여야 예배자들이 공동체를 이루어 하나님과 사귐을 갖게 하는 진정한 공동체적 예배 형태일 수 있을 것이다.

그러하기에 예배자들의 문화를 연구하는 것은 필수이겠다. 공동체 예배에 참석하는 예배자들의 문화는 무엇인가? 그들은 동양인인가? 서양인인가? 민족적 특성은? 종교적 성향은? 지역적 특수사항은? 대부분이 초신자인가? 경제적 형편은 어떠한가? 남녀의 비율은? 연령층은? 주관심사들은? 영성적 성향은? 신학적 배경은? 주요 직장들은? 이러한 것을 질문하고 연구하여 정립하는 것이 예배자들의 문화를 연구하는 것이겠다. 자신의 문화를 연구하여 예배 공동체 문화를 정립해 보는 것도 큰 도움이 될 것이다. 차후로 이러한 것을 연구하는 예배학문적 과목이 개설되길 기원하는 바이다.

둘째, 문화와의 관계성을 결정해야한다.

이렇게 정립된 예배 공동체 문화와 과연 예배가 어떤 관계성을 가질 것인가? 이것은 리차드 니버의 문화이론에 근거하여 그 해법을 찾아볼 수 있겠다. 그는 기독교와 세상과의 관계를 다섯 가지로 정리하고 있다. 그중 주요 세 가지만 언급하면 문화의 그리스도, 문화에 대립하는 그리스도, 문화의 변혁자 그리스도이다. 이 세 가지를 응용하여 문화와의 관계성을 정리하면 다음의 표와 같다.

	문화와 대립하는 그리스도	문화의 그리스도	문화의 변혁자 그리스도
기본개념	세상과 교회를 구별하여 접촉이 없이 교회만의 거룩을 지키는 것이다. 사실상 세상과의 접촉은 거룩을 지키는 것을 어렵게 한다! 그러므로, 세상과 구별되어 자신을 지키는 것이 좋다.	교회와 세상과의 구별 없이 기독교적 정신과 믿음을 가지고 세상과 하나 되어 그대로 받아드리고 사는 것이다. 하나님은 세상을 이처럼 사랑하셨다. 세상 속에 살면서 거룩하게 살아야 진정한 그리스도인인 것이다.	세상은 교회가 예수님의 성육신의 본을 따라 변혁하여 그리스도의 문화를 이루어야 할 곳이다. 세상을 사랑하되 예수 그리스도라는 해법으로 접목시켜 나아가는 것이 진정한 사랑이다. 성육신과 재창조라는 것이 중요하다.
예배적 적용개념	예배 공동체의 어떤 세상 문화를 거부하는 것이다.	예배 공동체의 어떤 세상 문화를 그대로 수용한다.	예배 공동체의 어떤 세상 문화를 기독교적으로 바꾸어 적용하는 것이다.
예 (옷차림)	어른들이 많은 예배인 경우, 찢어진 청바지를 입고 예배당에 오지 않는다.	더운 여름 반팔들을 입고 예배당에 들어오는 것은 당연하다.	고난 주간 철야기도회에 주님의 십자가를 기억하기위해서 빨간 계통의 옷을 입고 온다. 이는 서로에게 주님의 보혈을 생각나게 할 것이다.

리차드 니버의 문화연구에 근거한 예배와 문화와의 관계성

즉 어떠한 부분은 세상문화와 구별되어서 기독교적이게 형성하고, 어떠한 부분은 세상문화 그대로를 수용하고, 어떠한 부분은 세상문화를 기독교적으로 바꾸어 적용함으로 관계한다는 것이다. 이렇게 공동체 문화들과 예배를 어떻게 관계할 것인가를 잘 고려하여 진정한 기독교적인 예배문화를, 더 나아가 형성된 예배 문화에 대한 그들의 예배형태를 만들어 내야 하는 중요한 것이겠다.

3. 공동체 예배 신학

(1) 공동체 예배의 4중 구조

이상의 예배자에 대한 연구를 끝내고 나서는 그러한 문화적 연구를 적극적으로 적용한다는 자세를 견지하면서, 이제는 예배자들이 하나 되어서 예배할 수 있는 질서와 형식을 만들어 내야 할 것이다.

역사이래로 공동체 예배형식을 위한 철학과 대안들이 많이 제시되어 왔다. 그런데 최근 들어서는 기독교 분리만큼이나 다양한 기독교 예배 형태들에 대한 통합적 노력이 활발해 지고 있다. 이는 통합이 강조되는 시대적 흐름이기도 하고 성경의 하나됨이라는 말씀 앞에서의 회개와 새로운 순종이라고 할 수도 있겠다. 이러한 시대적인 기독교적 하나됨의 노력을 에큐메니칼이라고 부른다.[11] 1927년 로잔느 대

---

11) BEM에 관한 내용은 정장복의 책을 보는 것이 좋을 것이다. 정장복(1999). 예배학 개론. 예배와 설교 아카데미. (2000). 예배의 신학. 장로회 신학대학교 출판부. (2000). 예배학 사전. 예배와 설교 아카데미.

회에서 이러한 에큐메니칼의 일환으로 예배의 하나 됨을 위해 일어 난 것이 '신앙과 직제'라는 조직이다. 1948년에는 이 '신앙과 직제' 위원회와 또 다른 에큐메니칼 단체인 '생활과 사업'이라는 위원회가 연합하여 세계교회협의회인 WCC를 만들게 되었다. WCC는 1982년 리마에서 리마 총회를 가지게 되었는데, 여기서 세례, 성만찬, 사역이 라는 내용을 다루면서 이에 대한 하나의 철학을 만들고자 문서를 만 들게 되었다. 이를 리마문서 또는 세례(BAPTISM), 성만찬(EUCHARIST), 사역(MINISTRY)의 앞 자를 따서 BEM문서라고 한다. 또한, 이에 근거 하여 카톨릭, 개신교, 정교의 대표들이 함께 모여 예배를 드리게 되 었는데, 이 예배를 위한 예식서를 리마예식서라 한다. 리마예식서는 35개의 순서로 되어 있다.

이러한 움직임 속에서 자리 잡힌 예배 형태의 철학이 4중 구조라는 것이다. 이 4중 구조란 예배형태의 구조를 입례, 말씀, 성만찬, 폐회 의 4개의 카테고리로 구성하는 것이 가장 성경적이고 신학적이다라 는 것이다.[12] 그러나, 개신교의 경우 특히, 한국 개신교의 경우는 개 혁신학의 영향으로 현재, 성만찬이 예배의 순서에서 많은 부분 제외 되어 있다. 물론, 성만찬 회복의 노력이 많이 진행되고 있지만 현재 의 상황을 고려하여 성만찬이 없는 예배형태를 함께 제시함이 마땅 하다. 그래서, 몇몇 개신교 신학자들이 성만찬을 감사의 응답으로 대

---

12) 4중구조에 대한 것은 로버트 웨버의 책을 보는 것이 좋다. Webber, Robert E. / 김세광 역(2004).
   예배가 보인다 감동을 누린 (Hendrickson Publishers, 1994). 예영커뮤니케이션.

체한 4중 구조를 발표하였다.[13] 이러한 성만찬이 없는 예배의 4중 구조는 예배의 입례, 말씀, 감사, 폐회의 4개의 카테고리로 구성되어 있다. 이에 대해서는 본 필자가 연구한 논문의 일부를 부록으로 실었으니 4중 구조에 대한. 특히, 한국 교회 예배형태의 기반이 되어줄 4중 구조에 대한 자세한 신학적 내용은 부록을 참조하기 바란다. 본 저자의 논문은 일반적 예배의 4중 구조를 넘어 찬양과경배가 포함된 통합적 4중 구조까지를 제시하고 있다. 본 지면에서는 계시와 응답의 예배학적 개념을 정립한 4중 구조 표와 이러한 4중 구조를 근간으로 예배형태를 구성한 로버트 웨버의 통합 예배모델을 올려놓았다.

입례의 국면				말씀의 국면		성만찬의 국면		파송의 국면	
모임		나아감							
임재	모임	부름	나아감	계시	응답	성만찬의 계시	성만찬의 응답	파송	흩어짐
↓	↑	↓	↑	↓	↑	↓	↑	↓	↑

입례의 국면				말씀의 국면		성만찬의 국면		파송의 국면	
모임		나아감							
임재	모임	부름	나아감	계시	응답	일반적 기독론적 계시	일반적 감사의 응답	파송	흩어짐
↓	↑	↓	↑	↓	↑	↓	↑	↓	↑

성만찬이 있는 예배의 4중 구조와 성만찬이 없는 예배의 4중 구조

---

13) 한국복음주의 실천신학회 편(2001), 복음주의 예배학, "예배의 요소와 순서" 허도화, 요단, 을 보거나, 허도화가 낸 책 허도화(2003). 한국교회 예배사. 한국 강해설교학교 출판부. 를 보라

나아감의 행동들		영접, 재헌신, 세례 요청

나아감의 행동들

모임의 시간
　비공식적 찬양
　오르간 서곡
　독주악기
　비공식적 인사
　광고
　환영의 말씀
　회중음악의 리허설
　조용한 묵상기도

예배를 여는 시간
　입례송
　인사
　임재의 기도
　찬양
　죄의 고백과 용서(순서변경가능)
　조명의 기도(찬양으로 대처가능)

말씀의 예전

말씀의 시간
　성경봉독
　(예전적 예배 – 구약봉독, 응답시편, 서신봉독, 영창)
　(비예전적 예배 – 첫 번째 봉독, 합창, 두 번째 봉독)
　설교
　(회중이 하나님께 말하는 시간)
　〈말씀에 대한 응답〉
　신앙신조 고백
　설교에 대한 그룹 토의
　찬송

영접, 재헌신, 세례 요청
예언, 영적 사역
〈회중기도〉
　그룹기도
　연도
　간구기도
　목회기도
〈평화인사의 교환〉
〈헌금〉

감사의 예전

1.성만찬이 있는 경우
　회중초대
　찬양
　감사로의 초대문 낭독(생략가능)
서문기도
　삼성송
　성찬집례
　찬양(집례중찬양)
　기도(집례중기도, 안수기도포함)
　마침기도
2. 성만찬이 없는 경우
　찬양, (혹, 주기도문)

폐회의 행동들

　광고
　축도
　폐회송
　폐회의 선언

4중 구조를 근간으로 하는 로버트 웨버의 통합예배 모델

(2) 예배의 형태에 대한 담론

위에서 4중 구조에 근거하여 통합적 예배 형식을 제시하였지만, 그

찬양이 하늘에 닿다

렇다하여 세계의 역사와 문화 속에 숨 쉬고 있는 각양의 예배형태들을 무시하자는 것이 아니다. 이러한 4중 구조는 보편적 교회로써의 연합이라는 목적이 분명 있는 것이다. 그러나 각자의 문화와 형태에 맞게 예배 공동체로 하여금 하나님과 진정한 사귐을 갖도록 만들어진 예배 형태들은 보전 발전 되어야 한다. 즉, 보편성과 지엽성은 공이 같이 존중되어야 한다. 다양한 예배 형태에 대해 역사적으로 살펴보면, 로버트 웨버가 분류하였듯이 크게 4가지 지류의 예배 형태들이 있었다 하겠다.[14]

첫째는 성만찬을 중심으로 하는 의식적 예전 예배, 둘째, 말씀 중심의 개신교 전통의 예배, 셋째, 찬양과경배 및 은사적 예배, 넷째, 구도자 중심의 구도자 예배이다. 의식적 예전은 카톨릭이나 루터교 및 성공회 등에서 드려지는 예배로 예전의 순서는 성만찬을 중심으로 하여 세밀하게 정해진 전통적인 순서들을 통해 드려진다. 이들의 예배는 순서가 정형화 되어 있다. 개신교 전통의 예배는 장로교, 감리교, 성결교, 침례교 등의 대부분의 전통적 개신교단에서 말씀 중심으로 드리는 예배이다. 또한, 오순절 교단에서도 주일 오전 예배의 경우는 개신교 전통의 예배 형태를 취하고 있다. 이들의 예배는 예전적

---

14) 예배의 구분은 로버트 웨버의 책들인 Webber, Robert E. / 김세광 역(2004). *예배가 보인다 감동을 누린* (Hendrickson Publishers, 1994). 예영커뮤니케이션. Ed(1994). "The Renewal of Sunday Worship." The Complete Library of Christian Worship Vol III. Nashville : Stars Song Press. 김지찬 역(2005). 예배학(Grand Rapids, mi., 1982). 생명의 말씀사. 등을 참조하라 좀 더 쉽게 이해하려면, 조기연(2002). 예배갱신의 신학과 실제. 대한기독교서회. 정장복(2000). 예배의 신학. 장로회신학대학교 출판부. 김소영(2002). 현대예배학개론. 한국장로교 출판사. 등을 참조하라.

예배와는 달리, 보다 자유롭다. 하지만, 순서 작성 원리에 위배되지 않는 범위 안에서 자유롭다. 찬양과경배 및 은사적 예배는 비예전적 비의식적 예배로써 예배의 형태보다는 예배가운데서의 하나님과의 만남과 성령의 역사하심이 중요시 되는 예배이다. 특히, 예배형태에 있어서 찬양이 중요시 된다. 정형화된 공식적 예배형태는 없고 다만, 묵시적으로 찬양과경배의 구조들은 전수되고 있다. 구도자 예배는 윌로우크릭 교회가 대표적인 경우인데, 기존 신자가 아닌 새 신자 및 구도자를 중심으로 드려지는 예배를 말한다. 이러한 예배도 정형화된 공식적 예배형태는 없지만, 권장하는 형태들은 존재한다.

이를 좀 더 단순화하여 볼 때, 예배신학은 크게 둘로 나뉜다. 예배의 온전한 형식 속에서 하나님과의 만남이 깊어진다는 신학을 근간으로 하는 공동체의 것과 예배형식이 어찌되었든 성령의 도우심을 받을 때 하나님과의 진정한 사귐이 있을 수 있다는 신학을 근간으로 하는 공동체의 것이다. 인류는 이스라엘을 필두로 서방 즉, 유럽 및 미주까지의 백인 민족의 경우, 개인의 경건과 온전한 형식을 추구하는 성향을 가져 왔다. 반면, 이스라엘을 필두로 동방 즉, 터기 중앙아시아, 아시아, 거기에 아프리카와 남미까지 그러니까 서방보다 사실상 몇 배에 이르는 수많은 다양한 민족들은 공동체의 신비와 성령의 도우심을 추구하는 성향을 가져왔다. 21세기 전까지의 세계의 강대국들과 역사적 주인공들이 유럽과 미주이다 보니 예배학에서도 개인의 경건과 온전한 형식을 추구하는 예배적 신학이 우세했었다. 그래서 예전적 예배 신학이 비예전적 예배 신학을 업신여겨왔던 것이 사실이다. 그러나 이는 인간의 역사이다. 하나님의 역사에서는 모두가 귀하고 모두가 아름답다. 청교도적, 근본주의적, 복음주의적 예배뿐 아니라, 동방정교, 오순절, 경건주의, 웨슬레, 재침례파, 수도원, 회중교회, 현대의 카리스마틱 및 Renewal Church 모두가 귀한 예배의 아름다움을 가지고 있다. 이는 성경상에 예루살렘 교회공동체의 예배 그리고 안디옥교회를 필두로 하는 이방인 교회공동체의 예배가 모두 등장하는 사실에서 격려 받는다 하겠다.

한편, 더 나아가 하나님께서는 그 어떤 형태를 절대화하지 않으셨다. 각각의 민족과 문화에 맡겨 주셨다. 그렇지 않았다면 이스라엘의 전통적인 히브리 예배형태가 모든 나라에게 전수되고 이를 따라야만 했을 것이다. 그렇지 않은 역사의 진행이 바로 반증이 되는 것이다. 세상사람 모두가 자신이 가장 잘 할 수 있는 것으로 예배하게끔, 자신들의 장점을 살려 하나님과 사귐을 갖게끔 하나님은 허락하시고 격려하신 것이다. 본인은 이것을 사랑이신 하나님의 예배를 향한 계획이라 본다. 이단이 아닌 이상, 어느 특정 예배를 폄하하는 태도는 하나님의 성품 및 생각과는 거리가 먼 태도라 할 것이다.

그런 의미에서 예배에 대한 올바른 태도는,

첫째, 모든 예배와 예배의 형태적 특징을 존중해야 한다. 더 나아가 각 예배만이 가지고 있는 특징을 배우려해야한다. 그 특징이 자신들의 예배에 적용되었을 때 어떠한 장점들이 있을 수 있을지를 생각하

59

면서 흥분해야한다. 이는 더 깊은 사귐을 향한 풍성한 축복이 될 것이 분명하기 때문이다.

둘째, 자신들만의 특정한 문화적 예배형태를 발전시켜 나가야 한다. 다른 민족의 다른 문화의 예배들과 차별이 있는 특징이 있는 자신들 만의 예배를 계속적으로 발전시켜 나가야 한다. 이는 새 노래로 찬양하라는 하나님의 명령에 순종하는 태도가 되는 것이다. 우리는 새로운 것으로 하나님을 높일 의무와 책임이 있다. 아니 특권과 사명이 있다. 그런 의미에서 한국적 예배를 세워 나아가는 것은 시급한 의무요 책임이라 하겠다.

셋째, 그럼에도 또한, 양날개처럼 보편적 교회들의 통합적인 예배를 위한 노력을 해야 한다. 이는 성령이 하나 되게 하신 것을 지키라는 명령에 순종하는 것이다. 우리는 하나이다. 그러므로 함께 모여 예배드릴 수 있어야 한다. 앞서 언급한 4중 구조는 바로 그러한 일한의 노력인 것이다.

넷째, 현재 찬양 및 찬양과경배는 성만찬 못지않게 아니 그보다 더하게 한편으로는 자신들의 특징적 예배를 위한, 한편으로는 보편적 예배를 향한 기가 막힌 도구이다. 찬양과경배를 잘 발전시키고 활용한다는 것은 축복인 것이다. 계속되는 공부는 바로 이를 위한 것이겠다.

(3) 두 가지 차원의 계시와 응답

이제 진정한 공동체 예배 구성을 위한 두 가지 차원의 계시와 응답을 살펴보고자 한다. 앞서, 공동체 예배는 두 가지 면이 존재한다하였다. 그것은 바로 개인이 공동체 예배 안에서 개인적으로 하나님과 사귐을 갖는 면과 공동체로서 하나님과 사귐을 갖는 면이겠다.

다시 말해, 첫째, 공동체 예배형식 안에서 공동체의 계시에 공동체의 일원으로써 함께 반응하고 응답하는 것이 있겠고, 둘째, 공동체 예배 계시 속에서 각자 성령의 도우심으로 상상과 해석을 통해 개인의 계시를 듣고 개인적 사귐을 갖는 차원이 있겠다. 이를 예배의 개념이라 할 수 있는 계시와 응답으로 정립하면, 공동체 예배는 형식적질서적 계시와 응답이라는 면과 개인적 체험적 계시와 응답이라는 두가지 면으로 구성되어 있다고 말할 수 있겠다. 어느 한쪽이라도 놓치게 되면 진정한 공동체 예배일 수 없다. 공동체적 계시와 응답이 무너지면 공동체 예배 존재자체가 위협을 받게 되는 것이고, 개인적 체험적 계시와 응답이 무너지면 개인의 진정한 하나님과의 사귐은 없어지고 형식과 본질이 구별되고 멀어져서 예배가 예배답지 못하게 되기 때문이다. 본인은 이러한 두 가지 차원의 계시와 응답을 정립함에 있어, 형식적 질서적 계시와 응답을 수평적 계시와 응답이라 명하고, 개인적 체험적 계시와 응답을 수직적 계시와 반응이라 명한다. 차후에는 이 용어를 사용해 전개하여 나가게 될 것이다. 이에 대한 자세한 내용을 부록에 첨부하였으니 이를 참조하기 바란다.

입례의 국면				말씀의 국면		성만찬의 국면		파송의 국면	
모임		나아감							
임재	모임	부름	나아감	계시	응답	일반적 기독론적 계시	일반적 감사의 응답	파송	흩어짐
↓	↑	↓	↑	↓	↑	↓	↑	↓	↑

수직적 수평적 계시와 응답을 고려한 예배의 4중구조

먼저, 수평적 계시와 응답을 살펴보면, 공동체 예배의 형식은 큰 화살표에서 보는 것처럼, 와서 모임, 하나님의 계시 경험과 하나님을 향한 예배공동체의 응답의 경험, 그리고 흩어짐의 수평적 계시와 응답의 구조를 가지는 것이 가장 바람직할 것이다. 이는 앞서 언급한 4중 구조에 근거한 것이다. 이는 공동체 예배의 전형적인 수평적 계시와 응답의 구조이겠다. 이 전형적 구조를 조금 더 세분화하여 수평적 계시와 응답을 적용한 것이 작은 화살표이다. 이는 계시와 반응 그리고 응답과 열납으로 더 세분화하여 나누어 적용한 것이다. 이는 공동체로써 하나님과 대화를 갖고 사귐을 가질 수 있도록 언어학적 논리적 내용을 예배에 적용한 것이다. 이에 근거하여 다시 각각의 예배순서를 만들어 내여 배치면 수평적 계시와 응답은 완성되는 것이다.

다음으로, 수직적 계시와 응답은 공동체 예배가운데 개인적 체험적 하나님과의 사귐이 일어나야한다는 것을 인식하고 반영하는 것과 일어나도록 독려해주는 구성을 하는 것이겠다. 이를 어떻게 적용하는가? 먼저, 계시에 대해 반응하는 순서와 시간을 공동체 예배 안에 구성요소로 넣는다는 것 자체가 반영을 하는 것이겠다. 또한, 예배 인도자가 그 순서와 시간을 귀하게 여기고 충분히 그 순서와 시간에 예배자들이 계시에 반응하도록 인도하는 것 자체가 반영인 것이겠다. 사실상, 이것은 대단히 중요하다. 예배가운데 반응할 수 있는 시간과 순서를 배려한다는 것은 그러한 철학이 없으면 불가능하기 때문이다. 더 나아가, 하나님께서 흠향하시는 순서와 시간을 두는 것도 이를 적용하는 것이라 하겠다.

예를 들어, 설교시간 후 바로 헌금이나 다른 순서로 넘어가지 않고 설교에 반응하고 감동하고 적용할 수 있는 시간과 순서를 두는 것이다. 찬양을 한다든지 기도를 한다든지, 그룹토의를 한다든지 발표를 한다든지 하는 것이다. 차후에 언급하겠지만 이러한 순서적 시간적 배려는 찬양과경배에서는 상당히 중요한 부분으로 자리 잡고 있다. 이러한 배려를 기존예배가운데 적용하는것 만으로도 은사적 특징을 개신교 예배에 적용시킨 통합적 노력이 되는 것이다.

한편, 수직적 계시와 응답은 예배 기획 입장에서는 회중이 스스로 임재 경험을 하도록 독려해주는 역할이라 하였다. 그것은 결국, 수직적 계시와 응답은 개인적 체험적 계시와 응답이기에 개인의 신앙적 노력에 달려 있다는 것을 의미한다. 공동체적 공식적 계시를 있는 그

CONTENTS		EXPLANATION
모임의 시간	부르심	
	모임의 찬양 방송	모여 들 수 있도록 격려하는 음악방송
	묵상 찬양 방송	마음을 정리할 수 있는 음악 방송
입례의 시간	개회찬양 – 성가대	성가대 ( ) 찬양
	예배선포 – 사회자	사회자 기도
	화답찬양 – 다같이	다함께 ( ) 찬양
	기원 – 사회자	사회자 기도
	사도신경 고백 – 다같이	다함께 기도
	찬양과경배 – 다같이	찬송가, 찬양과경배 3곡
	통성기도 – 다같이	다함께 기도
	대표기도 – 대표자	담당자 ( )
	기도송영 – 성가대	성가대
	성경봉독 – 사회자	사회자 봉독
말씀의 시간	성가대 찬양 – 성가대	성가대 찬양
	말씀 – 설교자	담임 목사
	적용기도 – 기도	설교자
응답의 시간	헌금, 헌금찬양 – 다같이	다함께 헌금 찬양 ( )
	헌금 기도 – 설교자	설교자
	새 가족 환영	설교자
	광고 – 사회자	사회자
파송의 시간	파송	사회자
	파송 찬양 – 다같이	다함께 ( ) 찬양
	축도 – 설교자	설교자
흩어짐의 시간	흩어짐의 찬양 방송	흩어짐을 격려하는 음악방송

수평적 계시와 응답을 적용한 예배순서의 예[15]

찬양이 하늘에 닿다

대로 자신의 개인적인 것으로 경험하여 반응하거나 응답하든 자신의 것으로 묵상하고 해석하고 적용하여 받아들이든 개개인이 경험해야 하는 것이다. 물론, 예배는 예배기획자와 예배자 공동의 노력으로 이루어진다. 하지만, 좀 더 과격히 말하여 수평적 계시와 응답은 예배 기획의 책임이고, 수직적 계시와 응답은 개인의 책임인 것이라 하겠다. 그러나 예배기획의 입장에서는 수직적 계시와 응답이 잘 일어나도록 까지를 고려하며 예배를 기획하여야 하며, 예배자 입장에서는 수평적 계시와 응답에 순응함으로 개인적 체험을 갖도록 노력해야하고 혹이나 수평적 계시와 응답이 적절치 못하게 제공된다하여도 개인의 신앙으로 이겨내어 사귐을 가질 수 있도록 해야겠다는 마음을 가져야 한다. 좀더 자세한 두 가지 차원의 계시와 응답에 대한 정보는 부록에 실린 내용을 참조하기 바란다.

---

15) 이는 본인이 섬기고 있는 상하이한인연합교회의 예배순서이다.

도대체
찬양과경배가 무엇인가?

여기서는 찬양과경배 및 찬양예배에 대한 개념 이해를 예배학적 분류를 통해 살펴보고 있다. 엄밀히 말하여 찬양과경배와 찬양예배는 다른 개념이다. 이를 잘 구분하여 정립하는 것부터가 찬양과경배의 올바른 이해의 출발이 되겠다. 잘 정리하는 시간이 되길 바란다. 다만, 찬양과경배에 대한 역사적 고찰 및 CCM 관련 개념은 범위를 벗어나는 내용임으로 자세히 다루지 않았다. 이에 관한 내용은 이를 전문으로 다룬 책을 참고하기 바란다.

1. 찬양과경배의 포괄적 성격

지금 현재 교회 예배 안에 자리 잡고 있는 찬양과경배는 그 역사성이나 개념에 있어서 복합적인 성격을 가지고 있다하겠다.

첫째, 현대적 회중찬양이다. 1900년 초의 초창기 Gospel과 그 이후 계속적으로 전개되어온 CCM(Contemporary Christian Music)의 역사 안에 포함된다. 즉, 양동북이 이야기하는 것처럼 대중음악 또는 회중음악의 성향을 가지고 있다. 새로운 대중음악 또는 회중음악인 것이다. 웨슬레의 회중찬양, 그리고, 루터의 코트라팍툼(Contrafactum)의 부활이라고도 할 수 있다. 즉, 기독교 역사적 회중찬양의 흐름 안에 있는 것이라 하겠다. 그러므로, 찬양과경배는 교회공동체가 함께 회중으로 다함께 찬양하는 것을 추구한다. 단순히, 발표하거나 선포하는 것만을 목적으로 하지 않는다. 앞서 2장에서 살펴본 공동체 예배는 바로 이러한 부분과 연관이 있는 것이겠다. 다시 말해, 찬양과경배는 독창용 찬양이기보다 회중찬양인 것이다.

둘째, 영성체험적이다. 찬양 및 찬양과경배는 그 뿌리가 1900년대 초의 오순절 부흥운동과 그 이전의 제2차 대각성운동과 함께 시작된 Frontier Worship과 Gospel, 그 이전의 경건주의 운동과 모라비안 및 퀘이커 교도들의 예배, 그 이전의 재세례파의 예배, 그 이전의 암부로시우스의 동방의 신비적 교회음악, 그 이전의 고린도 교회의 이방인 그리스도 교인들의 성령과 은사중심의 예배, 그 이전의 회당의 예

69

배, 그 이전의 다윗의 장막까지 거슬러 올라간다고 할 수 있다. 즉, 역사적으로 이어온 영성적 신비적 뿌리를 가지고 있다. 이는 차후에 언급할 '성만찬의 신비'와 연관이 있는 것이며 찬양이 성만찬에 견줄 만한 영성적인 요소임을 나타내고 있는 것이다. 앞서 1장에서 설명한 개인적 예배는 바로 이러한 부분과 연관이 있는 내용이겠다. 다시 말해, 교회음악적인 응답적 예배순서이기보다 영성적 성격의 찬양인 것이다.

셋째, 선교적이다. 게다가, 찬양과경배는 CCW(Contemporary Church Worship), 및 SEEKER'S WORSHIP 및 EMERGING CHURCH 의 WORSHIP라는 개념과도 연결되어 전도적이고 선교적인 면을 포함하고 있다.[16] 찬양과경배는 앞서 살펴본 것처럼 부흥 운동의 역사와 깊은 연관이 있다. 더 올라가서 종교개혁 및 초대교회 시대에도 성령의 역사하심과 찬양은 늘 함께 하였다. 그 예 중 하나가 북미선교의 시대 때 전도의 역활을 감당했던 Gospel이라고 할 수 있겠다. 이러한 내용이 말해주는 것 중 하나는 바로 찬양이 복음전도 및 선교적인 성격을 가지고 있다는 사실이다. 그러므로, 현대 찬양과경배는 선교적 성격을 당연히 포함하고 있다하겠다.

---

16) EMERGING CHURCH는 구도자 예배의 단점을 극복하기 위해 새로운 복안들을 가지고 등장한 교회들을 말한다. 이들 교회들은 단순히 구도자들로 소비자나 구경꾼의 위치에 두지 않고 자신이 교회의 주인일 것에 대해 주장하며 선교적인 예배를 드린다. 이와 관련된 내용은 〈목회와 신학〉 2006년 9월호를 참조하기 바란다.

넷째, 무대 공연적이다. 공연예술과도 연결되어 무대 공연적적인 면까지도 포함하고 있다. 현대 찬양과경배의 또 하나 중요한 특징은 바로 이 부분이다. 1900년대 초에 마이크와 엠프가 발명되면서 회중 찬양은 중흥을 맞이하게 된다. 더 많은 사람들에게 전달할 수 있게 된 것이다. 그리고, 무대공연적인 면과 연결되어 콘서트적인 성향을 취하게 되었다. 그런데, 회중으로 참여하지 않고 수동적으로 만든다는 공연예술의 단점이 현대공연문화로 인해 변화를 가져왔다. 즉, 단순히 보고만 있는 것이 아니라, 회중이 함께 참여한다. 이러한 면이 찬양과경배에도 큰 영향을 주어 무대공연적인 찬양과경배임에 불구하고 단순히 예배자로 보는 위치에만 있게 하는 것이 아니라 함께 하도록 할 수 있게 된 것이다. 이 부분은 앞으로도 더 연구되고 발전되어야 할 부분이라 하겠다.

다섯째, 멀티미디어적이다. 영상 및 인터넷의 영향으로 찬양과경배는 이제 예배자와 단순히 교회 예배당 안에서 직접적인 접촉으로만 관계하는 것이 아니라, 영상을 통해서 다면적인 접촉을 이루고 있고, 인터넷을 통해서 온라인 관계를 형성해 가고 있다. 단적인 예로, 그날 부른 찬양을 집에 가서 다시 들어보고 익히고, 그날의 영상을 서로 공유함으로 커뮤니티를 형성하고 있다.

이처럼, 찬양과경배는 단순하게 생각할 부분이 이제 아니다. 보다 포괄적이고 전문적으로 연구하여 설명되어져야할 것이다. 아마도 앞

71

으로 더 많은 부분이 통합되어질 것이다. 그러나, 그럴수록 신학적 예배학적 연구는 이를 뒷받침해 줄 수 있어야 함을 우리 모두는 마음 깊이 인식해야 할 것이다.

2. 찬양과경배의 구분

(1) 예배 분류에 따른 찬양과경배의 위치

앞서 살펴본 것처럼, 로버트 웨버는 교회의 예배들을 네 가지 범주로 분류한다. 그런데 그 분류와 상관없이 현대에서는 찬양과경배가 비예전적 예배뿐 아니라 예전적 예배 및 개신교 전통 예배 안에서도 등장하고 있다. 로버트 웨버는 전통적 교회와 현대적 교회가 찬양과경배의 역동적인 경험으로 섞이는 것이 미래예배의 특징일 것이라 예견했다. 그의 예견대로 현대예배의 많은 경우는 예전적 예배, 비예전 예배 혹은 전통적 예배, 현대적 예배할 것 없이 찬양과경배가 나름의 모양으로 예배의 구성 요소로서 자리를 잡고 있다. 비예전적 탈의식적 교회뿐 아니라, 전통적 교회의 많은 곳에서도, 마찬가지로 찬양과경배가 나름의 방법으로 예배에 적용되고 있다. 그래서 웨버의 분류에서 등장하지 않은 제5의 예배형태라고 할 수 있는 뒤섞인 혼합형 예배들이 현대에 많이 등장하였다. 자고로 현대 예배의 일대 혁신이 일어난 것이라 하겠다. 찬양과경배와의 혼합이 이루어진 찬양과경배 혼합형 예배라 할 수 있는 것들을 좀 더 자세히 구분하여 살펴보면 다음과 같겠다.

첫째, 찬양과경배 첨가형 혼합예배이다. 이는 문화적 시대적 요청에 따라 기존 개신교 전통의 예배나 예전 예배에 찬양과경배가 예배의 구성요소로 첨가된 예배이다. 이런 류의 예배는 다시 크게 세 가지로 구분할 수 있는데, 하나는 예배의 부름 및 예배 선포 전에 10분에서 20분 정도를 현대적 찬양 곡을 연결하여 부르고 난후 예배선포가 이루어지는—사실상 찬양과경배로 예배를 준비하게끔 하는—찬양과경배 첨가형 혼합예배이고,[17] 다른 하나는 20분에서 30분 정도의 현대적 찬양 곡을 연결하여 부르고 난후 특별한 예배 선포 없이 기도 또는 성가대 찬양 및 말씀 순서 등으로 이어지는—즉 찬양과경배부터가 예배의 시작이다—찬양과경배 첨가형 혼합 예배,[18] 마지막으로 예배의 부름이후 찬송 및 경배찬송 부분에서 — 찬송가 대신 또는 찬송가를 포함하여—한곡이 아닌 현대적 찬양 몇 곡을 연결하여 예배 중 회중찬양 부분을 찬양과경배로 구성한 찬양과경배 첨가형 혼합예배이다.[19]

---

17) 서울중앙침례교회의 주보가 그 예이다. 예배시간 옆에 기재되어있는 마라나타, 조이풀, 벧엘은 찬양과 경배 팀 이름이며, 이 팀이 약 20분에서 30분을 인도한다. 그 다음 예배 선포가 이어진다. 주보는 http://sjabc.com/를 참조하기 바란다.

18) 사랑의 교회와 온누리 교회의 주보가 그 예이다. 이들 예배의 공통점은 찬양과경배 이후 특별한 예배 선포 없이 자연스럽게 예배를 이어간다는 것이다. 온누리 교회는 http://www.onnuri.or.kr/를 참조하고, 사랑의 교회는 http://www.sarang.org/index.asp를 참조하라.

19) 본 저서에 싫고 있는 상하이한인연합교회의 예배순서가 그 예이다. 이 예배의 경우는 찬양과경배가 중간에 찬양의 부분에 위치하고 있음을 보여준다.

73

둘째, 찬양과경배 중심형 예배이다. 이는 기존 개신교 전통의 예배나 예전 예배와 달리, 그 뿌리가 앞서 언급한 오순절 성령 운동 및 흑인 음악 및 빈야드 등의 은사적 교회 및 임재중심의 영국의 현대 예배, 구도자 예배 등의 영향아래에 있는 탈 의식적 은사적 새로운 형태의 예배로, 기존 전통 개신교 및 예전 교회의 주일 오후 예배 및 청년예배 등에서 나름의 방법대로 변형되어 사용되어지는 예배이다. 이는 찬양예배라 불려지고 있다. 찬양예배가 찬양과경배 첨가형 예배의 두 번째 것과 다른 것은 첫 번째로 역사성에서 다르다. 찬양예배는 그 역사성이 은사적 예배에 있는 반면, 찬양과경배 첨가형 예배는 개신적 전통 예배에 있다. 두 번째로, 찬양과경배 첨가형 예배에서 찬양과경배는 입례적 역할이다. 그러나, 찬양예배에서의 찬양과경배는 말씀과 함께 주제적 계시의 역할을 하고 있다. 이에 대한 자세한 논의는 차후에 하기로 한다.

찬양과경배 혼합에 따른 예배 분류	
찬양과경배 첨가형 혼합예배	예배 준비적 찬양과경배 첨가형 혼합예배
	찬양과경배 모임부분 첨가형 혼합예배
	찬양과경배 찬양부분 첨가형 혼합예배
찬양과경배 중심형 예배	찬양예배 (Praise Worship)

(2) 찬양예배의 개념과 관련된 개념들 정립

찬양과경배 중심형 예배 즉, 찬양예배를 웨버를 필두로 많은 예배

찬양이 하늘에 닿다

학자들이 Praise and Worship이라고 하였다. 한국 교회의 경우, 김남수도 이러한 예배를 Praise and Worship Style로 제시한다. 그러나 이에 대한 정의는 더 자세할 필요가 있다. 왜냐하면 Praise and Worship이 전체 예배의 개념인지 부분적 개념인지 혼동이 있기 때문이다. 예를 들어 빈야드의 Praise and Worship은 그 5단계의 구조를 살펴 볼 때, 그것은 찬양부분만의 구조를 이야기하는 것이지 말씀과 헌금 등의 순서를 포함한 전체 예배 개념이라 보기는 무리가 있기 때문이다. 최혁의 경우는 그래서 Praise and Worship은 '찬양과경배'로 번역하여 전체 개념으로 그냥 두고 찬양부분을 '찬양경배'라고 지칭하였다. 그러나, 이는 혼동을 피하기에는 너무 빈약한 설명이라 할 수 있다. 그래서, 본인은 Langford의 말을 번역한 전병식의 예처럼, 찬양과 말씀의 이중구조로 되어 있는 예배 전체를 일컫는 말을 '찬양예배(Praise Worship)'라 정의함이 적절하다고 보고, 찬양예배에서의 찬양과경배부분을 그냥 찬양과경배(Praise and Worship)로 하는 것이 옳다고 본다.

좀 더 자세히 고찰해 보자.

첫째, 찬양예배를 찬양으로 드리는 예배라 말할 수 있겠으나 이는 똑 같은 개념은 아니다. '찬양으로 드리는 예배'는 '찬양을 통해 드리는 예배'의 개념으로 다양한 장르의 음악을 사용하여 드리는 '음악 예배'와 같은 개념이겠다. 예를 들어 성가대 칸타타 중심의 찬양으로 드리는 예배 등이겠다. 그러므로, 찬양예배는 찬양으로 드리는 예배의 한 예가 되는 것이다. 찬양으로 드리는 예배는 다시 음악으로 드리는 예배로 이해되어지고 음악예배라 명명해야 맞을 것이다.

여기서, 찬양으로 드리는 예배라는 개념은 이렇게도 해석될 수 있다. 즉, 헌금으로 드리는 예배, 기도로 드리는 예배와 같은 개념으로, 찬양으로 드리는 예배라는 개념은 전체 예배 안에서 '찬양을 통해 예배드리는 부분'을 가리키는 것이겠다. 실제로 이렇게 주보에 기록하고 있는 미국의 교회들도 있다.[20]

둘째, 예배의 목적에 있어서 케리그마적이기보다, 카리스마적인 예배가 있다. 이런 은사적 예배의 경우는 찬양과경배가 말씀과의 연관성에서 보다 자유로우며 찬양과경배는 은사의 적용과 성령의 역사하심을 위한 도구로 사용되고 있다. 이는 찬양예배와는 다른 찬양과경배를 사용하는 '은사집회' 또는 '성령집회' 또는 '은사 예배'라 해야 할 것이다. 또한, 기도회의 경우, 찬양이 기도와 함께 연결되어 찬양만의 진행이 아닌 기도와 연결되어 진행되는데, 이는 기도를 위해 찬양을 도구 삼고 있는 것이다. 이것도 찬양예배와는 달리 찬양을 사용하는 '기도회' 또는 '기도예배'라고 해야 할 것이다. 아무리 찬양이 많이 사용된다 하여도 은사집회 및 기도회하고 찬양예배는 다른 것이다.

셋째, 찬양예배와 찬양과경배만으로 이루어진 예배의 구분이 필요

---

20) 이러한 예를 보기 원하면, 김영국(2005). 성공적인 예배를 위한 음악목회 프로그램. 한국 장로교 출판사. 를 참조하라.

하겠다. 즉, 찬양과경배와 말씀의 이중 구조로 되어 있는 찬양예배와 단지 찬양과경배로만 이루어진 예배의 구분이겠다. 은사적 찬양모임의 경우, 단지 찬양과경배만으로 이루어진 예배를 드리기도 한다. 그러나, 찬양예배는 찬양과경배만으로 이루어진 예배와는 달리, 비록 찬양과경배의 부분이 예배에서 차지하는 비율이 상당히 높다하여도, 설교 말씀이 예배의 중심에 서 있다. 그래서 필자는 찬양과경배만으로 이루어진 예배를 '찬양과경배 예배' 또는 줄여서 '찬양과경배' 라고 말하고자 한다.

넷째, '찬양예배' 와 찬양예배의 한부분인 '찬양과경배의 부분' 과는 구별되어야 할 것이다. 찬양과경배 부분이 찬양예배를 대변하는 큰 요소이기는 하나 역시 위에서 언급한 것처럼 말씀이 중심에 있기에 예배의 한부분과 전체예배에 대한 개념에 혼돈이 있어서는 안 될 것이다. 그래서 찬양과경배 부분을 그냥, '찬양과경배 부분' 또는 '찬양과경배' 라고 말하고자 한다. 여기서, 찬양과경배만으로 이루어진 예배와 찬양과경배 부분은 '찬양과경배' 라는 용어에서도 같지만 사실상, 그 형태도 같겠다. 찬양과경배 부분은 찬양과경배가 예배의 한 분으로 자리를 잡고 있는 것이기 때문이다. 이렇게 '찬양과경배' 라는 용어는 그 자체로 전체를 구성하든 예배의 한 부분으로 자리를 잡든 현대적 찬양을 메들리로 연결하여 예배를 드리는 것을 가리키는 것이라 하는 것이 옳겠다.

다섯째, 홍정표는 '찬양과경배' 에 대해 "현대 예배에 사용되는 젊은이들이 주로 부르는 현대적인 리듬과 멜로디의 현대스타일의 회중 찬송가"라고 정의한다. 이는 그냥 현대적 찬양내지는 찬양과경배 한 곡에 대한 정의라고 할 수 있겠다. 그러나 현대 찬양예배에 있어서, 30정도의 긴 시간에 몇 곡을 연결하여 드려지는 '찬양과경배'에 대한 정의는 달라야겠다. 그러므로 찬양예배 안에서의 '찬양과경배'에 대한 정의는 '현대적 회중찬양들을 주제를 가지고 메들리로 연결한 것' 이라고 해야 할 것 이다.

찬양이 하늘에 닿다

구 분	개념 정리
찬양으로 드리는 예배 Worship through Praise	기도로 드리는 예배 (Worship through Pray) 헌금으로 드리는 예배 (Worship through Offering) 성만찬으로 드리는 예배 (Worship Through the Eucharist) 라는 개념들처럼, 전체예배의 한 부분 및 순서로써의 예배학적 의미의 개념
은사집회 Charisma Meeting **은사예배** Charisma Worship	찬양과경배를 사용하여 성령의 은사를 체험하고 경험하는데 목적이 있는 모임 또는 예배
기도회 Prayer Meeting **기도예배** Prayer Worship	찬양과경배를 사용하여 기도를 중심으로 하는 집회 또는 예배
음악예배 Music Worship	음악을 통해 드리는 예배의 개념으로 가장 광범위한 개념 특히, 교회음악적 전통에 근거한 칸타타 등 이 중심된 예배를 일컬을 때 자주 사용 된다.
찬양예배 Praise Worship	은사적 뿌리를 가지고 있는 찬양과경배와 말씀의 이중구조를 가지고 있는 예배
찬양과경배 Praise and Worship	찬양과경배만으로 이루어진 예배 또는, 찬양예배의 찬양과경배 부분

찬양관련 예배의 구분 및 개념 정리

찬양과경배를
진짜로 파헤쳐 보자!

　찬양과경배의 개념 그리고 찬양과경배의 구조 등을 자세히 살펴볼 것이다. 여기서의 학문은 아직까지 어디에서도 찾아보기 힘든 것이겠다. 기존 예배학을 바탕으로 찬양과경배학을 발전 시켜나간 것이기 때문이다. 아무쪼록 지면도 가장 많이 차지하고 있는 이번 장을 잘 배우고 정립하기 바란다.

1. 찬양과경배의 개념이해

(1) WORSHIP의 개념이해

찬양과경배를 이해하기에 앞서 WORSHIP의 개념을 살펴보고자 한다. 찬양과경배를 온전히 이해하려면 WORSHIP에 대한 이해가 우선되어야 한다. WORSHIP으로 번역되는 원어는 3가지 종류이다. 이를 살펴보면,

첫째로, 히브리어의 하와(Hawah)와, 헬라어의 프로스퀴네오(Proskuneo)는 경배로 번역되는 단어로써 많은 경우는 엎드린다, 절하다로 번역된다. 이는 엎드려 절함으로 경외심을 표현하는 존경심을 나타내는 경우에 사용된다. 이는 마음을 담은 존경의 행위 및 형식으로써의 WORSHIP이다.

둘째로, 히브리어 아바드(Abad)와, 헬라어 라트레우오(Latreuo), 레이투르기오(Leitourgeo)는 경배로 번역되면서 많은 경우 섬김(Service)이라고 번역되며, 삶의 모든 경우에서 하나님을 섬기는 것과 제의 및 예배모임을 의미한다. 다시 말해, 예배모임 또는 예배 형식으로 사용될 때 쓰는 WORSHIP이라는 단어의 원어가 바로 이것이다. 즉, Worship Service를 나타낸다.

마지막으로, 히브리어의 야레(Yare)와 헬라어의 세보마이(Seboimai)

는 경배로 번역되면서, 두려움, 경외 및 경건 등으로 번역된다. 즉, 이는 하나님을 향한 마음의 태도로써 하나님을 경외하는 것을 의미한다.

　이렇게 WORSHIP은 3가지 종류의 원어를 가지고 있다. 또한, 이러한 3가지 어원은 분리되는 것이 아니라 전체가 통합적으로 어우러져 WORSHIP의 의미를 형성하고 있다. 또한, 세 의미 관계로 인하여 다음의 두 가지에서 옳지 않으면 진정한 WORSHIP의 의미로 작용하지 못한다. 첫째는 마음에서부터 우러나오는 마음의 태도 및 행위 또는 섬김 또는 예배형태여야 한다. 그렇지 않은 것에 대하여 하나님은 '외식하는 자'라고 말씀하시고 있다. 둘째, 하나님이외에 다른 신에게 이러한 WORSHIP을 할 경우는 더 이상 진정한 WORSHIP이 아니다. 하나님은 이것을 '우상숭배'라 말씀하시고 있다.

　그런데, 1장, 2장을 통해서 예배란 하나님과의 만남이라 하였다. 이는 마음의 태도든 엎드림의 개인적 부분적 형식이든 전체 예배든 간에 온전함으로 주님을 갈망하며 나아가서 주님을 만나는 것이 중요한 것이고, 또한 주님을 만나야 예배가 예배되는 것이라는 의미이겠다. 그런 의미에서 WORSHIP을 Intimacy, Presence of God, Experience of God 등의 본질적 의미로 보기도 한다. 그렇다면, WORSHIP이라는 단어는 다음과 같은 용도들에 다 사용할 수 있겠다.

기본 개념으로써 Worship	진정한 개념으로써 Worship	올바르지 않은 개념으로써 Worship	기타 다른 의미로써 Worship
경외하는 마음의 태도	경외하는 마음의 태도가운데 주님을 만남	다른 것에 경외함과 두려움을 가짐	만남이라는 본질의 의미로써 Worship
순종하여 엎드림	순종하여 엎드림 중에 주님의 임재를 경험함	마음 없이 엎드리기만 함 또는 다른 신 앞에 엎드림	찬양 또는 찬양과경배 또는 찬양예배라는 의미로써 Worship
만남을 위한 예배형식	예배형식을 통해서 주님을 만남	마음 없이 예배형식에 참여함	
섬김	세상 속에서 섬김으로 주님을 나타내고 경험함	자기의 유익을 위해 섬김	

예배라는 단어가 쓰일 수 있는 경우들

이러한 경우들 중에서 올바르지 못한 경우를 제외하고 보다 축소하여 4가지로 줄이면 예배라는 단어는, 첫째, 만남이라는 본질의 의미로 둘째, 엎드림과 같은 개인적 부분적 형식으로써의 의미로 셋째, 전체 예배형식으로써의 의미로 넷째, 세상에서의 섬김이라는 의미로 사용되고 있다하겠다. 이는 다시 세상에서의 섬김의 의미를 제외하고 줄여서, 예배라는 단어는 본질과 형식이라는 이중적 의미를 소유하고 있는 것이라 볼 수 있다.

85

위와 관련한 예를 몇 가지 들어 보면, 삶이 예배여야 한다는 것은 삶의 어느 곳에서든 주님을 만나고 동행하며 살아야 한다는, 삶이 하나님과의 동행인 본질이 되어야 한다는 본질의 의미로써의 예배라는 단어가 사용된 것이라 하겠다. 또한, '다함께 예배드리겠습니다.' 라는 말속에서의 예배는 예배형식을 통해서 주님을 만나자는 예해형식 의미로 사용된 것이다. '예배가 예배되어야 한다.' 라는 말속에서는 앞의 예배는 예배형식 및 개인적 부분적 형식의 의미로써의 예배이 겠고, 뒤의 예배는 본질의 의미로써 예배이겠다.

(2) 예배와 경배

예배와 경배는 또한 어떻게 다른가? 이는 한문영역아래 있는 민족들의 문제로 영어 단어 'WORSHIP'과 대조 될 수 있는 단어가 두 개 있는 것이다. 혹자는 설명하길, 일본에서는 경배라는 단어를 중국에서는 예배라는 단어를 주로 사용하고, 한국에서는 예배와 경배라는 단어를 모두 사용한다고 한다. 어찌되었든, 단어적 의미를 정리하면 아래와 같다.

	본질로써의 의미	형식으로써의 의미
禮拜 (예배)	권위적 존재와의 만남 및 높임	제의
敬拜 (경배)	권위적 존재와의 만남 및 높임	엎드림

예배와 경배의 구분

이상에서 알 수 있는 것은 예배와 경배 모든 단어가 본질과 형식의

찬양이 하늘에 닿다

이중적 의미를 가지고 있다는 것이다. 즉, 예배라는 단어를 사용할 때 형식적인 제의라는 의미로도 사용할 수 있고, 진정한 마음으로 높임이라는 본질적 의미로도 사용할 수 있다. 영어 단어 'WORSHIP'이 3가지의 원어를 가지고 있고 4차원의 의미를 포함하고 있지만, 결국은 본질과 형식의 이중적 의미를 가지고 있는 것으로 정리되는 것처럼, 예배와 경배라는 한문 단어도 각각 2가지의 뜻을 내포하고 있는 것이겠다. 물론, 서양에서는 이를 구별하기위해 본질을 WORSHIP으로 형식은 WORSHIP SERVICE로 사용하기도 한다. 그러나 한문에서는 본질과 형식으로의 구분대신에 공동체적 예배형식과 본질로써 예배, 개인적 경외함의 형식과 본질로써 경배로 구분하여 단어가 달리 쓰이고 있는 것이라 볼 수 있겠다.

(3) 기존의 찬양과경배의 개념 이해

그런데, 찬양과경배(PRAISE AND WORSHIP)에 있어서 찬양은 무엇이며 경배란 무엇인가? 먼저, 그 동안 연구되어온 찬양과경배의 개념 이해들을 살펴봄으로 온전한 찬양과경배의 개념을 세우기 위한 노력의 첫 단추를 풀고자 한다.

가. 예전적 이해

예전적 신학자들은 Praise and Worship을 찬양과 예배로 번역하여 사용하고 설명하길, 찬양(Praise)은 예배 준비의 개념으로, 예배(Worship)는 전체 예배 형식이라고 한다. 그러나 이러한 이해는 대표

87

전체 구분	찬 양		예 배	
세부적 구분	감사	찬양	예배순서들	성만찬
성막 및 성전 구분	성전 바깥뜰	성전 안	성소	지성소
예전적 구분	준비단계	예배로의 전이단계	예배단계	신비적 임재 단계

전통 개신교 입장에서의 예배 3단계 구조 적용

적 찬양신학자 저드슨 콘웰의 찬양과경배에 대한 내용을 오해한 것이다. 로버트 웨버가 저드슨 콘웰이 이야기한 것을 자신의 논리로 설명하면서 이러한 오해를 갖게 되었고, 한국의 대부분의 예배학자는 이를 그대로 번역하였다. 그러나, 이는 예배학적으로 찬양이라는 단어를 문제 있게 하는 논리이다. Praise and Worship에서 Worship을 전체 예배적 개념 즉, 히브리어의 아바드(Abad), 헬라어의 레이투르기오(Leitourgeo)에 근간한 개념으로 인식한다면, 찬양은 예배 형식의 하나인데도 불구하고 말씀이나 기도와 차별되어 말씀이나 기도 등의 본(?)순서를 준비하는 것으로 준비과정이외에 아무것도 아니게 된다. 전통 예배학에서도 찬양은 예배 본 순서의 하나의 요소이다. 그러한 이론에도 부합하지 않는 이론이 되겠다. 즉, 찬양과경배는 찬양도 아닌 것이되고 마는 것이다. 사실, 그러한 오해로 인해 '준비찬양' 이라는 개념이 등장한 것인 줄도 모른다. 결론적으로 Praise and Worship은 찬양과 예배 특히, 준비찬양과 전체 예배 형식으로 해석되면 안될 것이다.

역사적으로 성만찬에만 신비가 서리며 임재가 있다는 논리가 존재했었다. 그러나, 예배 전체가 하나님의 예배적 임재를 근거하는 것이기에 이러한 논리는 성만찬이외의 다른 순서들을 준비단계 및 아무 효력 없는 것으로 만든다하여 옳지 않다라고 반박을 받아왔다. 그런데 찬양을 준비의 개념으로 경배를 임재와 직결되는 전체예배로 또는 본예배로 정의하는 것은 성만찬 이전의 순서를 준비개념으로 성만찬을 임재와 직결되는 본예배 순서로 보는 역사적 오해와 다른 것이 없는 것이겠다.

나. 비예전적 이해 – 저드슨 콘웰과 예수전도단

저드슨 콘웰은 비예전적 신학의 입장에서 찬양을 설명한 대표적 인물이다. 예수전도단의 경우는, 현 한국의 찬양과경배에 지대한 공헌을 하였다고 할 수 있다. 예수전도단은 시편 100편 말씀을 근거하여 찬양과경배를 감사와 찬양과경배의 구조로 되어있음을 이야기한다. 또한, 이러한 예수전도단의 이해는 한국의 찬양과경배를 다루는 모든 가르침에 기초가 된다고 해도 과언이 아니다. 그런데 저드슨 콘웰의 이론과 예수전도단의 이론은 차이가 있다. 이를 자세히 살펴보면,

a. 저드슨 콘웰의 이론

성막 문	성막 뜰	찬양가운데 성소, 지성소
(감사) 찬양		임재, 만남
형식		본질

Cornwall에 의해 제시된 찬양과경배의 3단계 구조 정리

89

3단계 구조의 효시인 Cornwall의 경우는 찬양을 예배의 본질로 바꾸어놓는 역할을 하는 장(Filed) 즉, 예배의 형식으로 이야기한다.

　광야의 천막 시절, 하나님께서 거하시는 곳은 성소의 지성소였다. 그곳은 아마포에 모세의 장막의 감사라는 이름의 문을 지나 찬양이라고 하는 뜰 안으로 들어가면 하나님이 계시는 장막이 있다. 즉, 찬양 안에 주님이 계시는 것이다. 시편 22편 3절 '이스라엘의 찬송 중에 거하시는 주여 주는 거룩하시니이다.' 라는 구절은 바로 이것을 나타내는 것이다 그러므로, 하나님을 만나고자 하는 이는 찬양으로 나아가야 할 것이며, 하나님 존전에서 구하고자 하는 이는 감사함으로 나아가야 할 것이다. [21]

　우리 신자들은 하나님이 우리 안에서 실제로 역사하실 수 있도록 해주는 것이 찬양과경배라는 사실을 너무나 빨리 망각한다. 우리가 하나님을 찬양할 때 하나님은 우리의 삶에서 역사하신다…… 찬양은 계속해서 하나님의 임재를 느끼게 해주고 그분의 인격을 더욱 이해할 수 있도록 해준다." [22]

　Our praise was producing the realized presence of God, moving us beyond the rituals of worship into a vital, personal confrontation with Him One particularly forceful word of prophecy was given in which the Lord declared that our worship and praise had brought great pleasure to Him. [23]

---

21) 배한숙 역(1989). 찬양. (New Jersey : Logos. 1973). 두란노 서원. p27
22) 김광석 역(2004). 춤추는 예배자 다윗(Destiny Image Publishers, 2004). 토기장이. p84
23) Cornwall, Judson(1973). Let us praise, New Jersey : Logos. p27

그의 이야기는 주님께 감사함으로 찬양함으로 나아갈 때, 찬송 중에 주님께서 임재하시고 만나주시고 역사하신다는 이야기다. 그러므로, 찬양이 의식적인 예배 및 예전보다 더 형식을 본질적 예배로 바꾸어 놓는 역할을 할 수 있는, 하나님의 임재(Presence of God) 또는 하나님과의 만남을 가져오는 통로가 되는 것으로 말하고 있는 것이다. 즉, Praise를 전체 예배형식(아바드(Abad), 헬라어의 레이투르기오(Leitourgeo))이라는 원어에 근간하여 보고 있는 것이다. 다만, Worship이라는 단어는 약간은 다양한 의미로 사용하고 있다. 많은 경우는 찬양과 대결구도에 있는 기존 예배형태들로 사용하고 있고, 본질의 의미로도 사용하고 있다. 어찌되었든 저드슨 콘웰이 이야기하고자 하는 것은 찬양이 바로 예배형식이라는 것이다. 단순한 준비과정이 아니라는 것이다.

b. 예수전도단의 이론

이러한 콘웰의 이론과는 달리 주로 성막 및 성전, 그리고 시편 100편을 토대로 비예전 진영에서 조금은 다른 이론을 펼치는 부류가 있다. 그 대표적인 부류가 바로 예수전도단이다. 그런데, 예수전도단과 비슷한 이론을 이야기하는 이가 있다. 그는 바로 테리 로이다. 그도 이와 비슷한 이야기를 하였다. 이들은 조금씩 차이가 있다. 먼저, 로(Law)는 다음의 표와 같이 정리하여 제시하였다.[24]

---

24) 최혁(1999). 찬양리더. 규장. p154.

성전 뜰	성소	지성소
육	혼	영
감사	찬양	경배

Law의 찬양과경배의 3단계 구조

로는 찬양과경배의 구조로써 이를 제시하였다. 그의 주장에서 알 수 있는 것은 예전적 적용과는 달리 Praise and Worship에서의 Worship을 전체예배형태로 보고 있지 않다는 것이다. 이를 한국에서는 그래서 예배로 번역하지 않고 경배로 번역하고 있다. 즉, 공 예배를 뜻하는 Worship Service의 개념이 아닌 하나님과의 만남이라는 Intimacy에 더 가까운 개념으로 Worship이라는 단어를 적용하여 사용하고 있다는 것이다.

예수전도단의 이론은 홍성건 전 대표와 문희곤 현 대표의 설명을 토대로 살펴 볼 수 있겠다. 홍성건의 경우는 하나님을 예배하는 두 단계로 찬양과경배를 이야기한다.

> 먼저, 하나님께서 우리에게 이미 이루어 놓으신 일들을 기억하면서 나아갑니다…… 감사하고 찬양하면서 하나님 앞에 나아가는 것입니다. 그리고 나서 하나님의 보좌 앞에 머물 때에는 이제 더 이상 하나님이 하신 일 때문에 하나님을 찬양하는 것이 아니라 하나님의 하나님 되심을 경배하는 것입니다…… 왕이신 하나님 앞에 나아갈 때 먼저 하나님이 우리 안에 이루어 놓으신 하나님의 역사를 기억하고 감

사와 찬양을 드리면서 하나님 앞에 나아갑니다. 그러나 하나님의 보좌 앞에 나아가면 하나님의 아름다운 성품을 인하여서 하나님께 경배하는 것입니다. 하나님의 보좌 앞에서 그의 얼굴을 구하고 그의 임재하심 속에 머물며 경배를 드립니다…… 그의 얼굴을 구하고 이때에 하나님의 역사가 일어나기 시작하는 것입니다. 하나님의 말씀도 이 시점에서 선포됩니다.[25]

그의 설명을 살펴 볼 때, Law와 같이 감사와 찬양과경배라는 단어를 사용하고 있지만 성막 및 성전 구조에로의 적용에 있어서 차이가 있다. Law는 찬양을 '성소'에 비유한 반면에 홍성건은 '궁정'으로 비유하고 있다. 이는 홍성건의 비유가 더 옳다하겠다. 이에 대한 이유는 뒤에 나오게 될 것이다. 그는 감사와 찬양과경배라는 용어를 사용하고 있지만, 사실상 3단계의 구조라기보다 이단계의 구조라 할 수 있다. 즉, 성전 및 성막 뜰에서의 과정과 지성소에서의 과정으로 이등분하여 구분하고 있는 것이다. 지성소에서의 과정을 경배라고 보고 있고, 이 시점에서 말씀과의 연결됨을 이야기한다. 그의 이야기를 토대로 정리하면 다음과 같겠다.

성전 및 성막 뜰		지성소(보좌)
문	궁정	
감사	찬양	경배(말씀 이어짐)

홍성건에 의해 제시된 찬양과경배의 3단계 구조

---

25) 홍성건(2001). *하나님이 찾으시는 사람*. 예수전도단, pp30-32.

93

문희곤의 경우는,

이 구조가 우리에게 가르쳐 주는 것이 무엇인가? 찬양예배의 흐름이
다. 성전은 뜰과 성소(지성소)로 나뉜다. 성전 뜰은 인간과제물과 제
사장이 어우러져서 하나님이 행하시는 일들을 보는 곳이다. 화목제
와 다른 제사들을 드리면서 백성들이 자신의 죄 사함을 보고 즐거워
하며 간증하는 곳이다. 기뻐하면서 예배(찬양)를 드리는 곳이다. 그
러나, 성소와 지성소는 성부, 성자, 성령 하나님이 임재하시고 말씀하
시며 은혜를 보이는 곳이다⋯⋯ 성막의 구조를 통해서 우리가 알 수
있는 찬양예배의 기본 적인 원리는 '예배는 하나님이 하신 일들을 기
뻐하며 감사하면서 하나님 앞에 나아가 결국은 하나님의 임재를 보
고 경배하는 것'이다. 지성소 깊은 곳까지 나아가서 그분의 임재하심
과 영광과 능력과 위엄과 아름다움을 보고 경배하는 것이다. 그러므
로, 찬양예배도 크게는 이러한 흐름으로 진행하는 것이 바람직하
다.[26]

라고 하였다. 예수전도단의 흐름 속에서 문희곤은 홍성건과 거의 같
은 철학을 가지고 있다하겠다. 그러나, 다소의 차이가 있는데, 그들의
차이는,

첫째, 홍성건에 비해, 문희곤은 나아감의 부분 및 찬양의 부분을 예
배라고 이야기함으로 감사와 찬양이 예배의 준비과정으로 전락하는
것을 방지하는 노력을 보여주고 있다.

---

26) 문희곤(2003). 예배는 콘서트가 아닙니다. 예수전도단. p32.

둘째, 홍성건은 지성소만을 언급한데 반해 문희곤은 성소까지를 언급해 주고 있다. 즉, 성막 뜰과 지성소를 포함한 성소로 이등분하여 구분하여 주고 있는 것이다. 그의 이야기를 토대로 표를 만들면 다음과 같다.

성전 뜰	성소, 특히 지성소
(감사, 찬양, (교제포함)[27] 예배	(경배) 예배

문희곤에 의해 제시된 찬양과경배의 3단계 구조

예수전도단의 이론을 통하여 알 수 있는 몇 가지가 있다. 첫째로, 그것은 감사와 찬양 단계와 경배 단계의 구분이다. 감사와 찬양의 단계를 지나 경배의 단계에 이르게 되면 하나님의 임재와 계시가 임하고 예배자는 이를 경험하게 된다라고 말하고 있다. 감사와 찬양을 하나로 묶어서 찬양이라고 한다면, 찬양의 단계와 경배의 단계로 구분하고 있는 것이다. 또한, 찬양의 단계는 보좌 앞으로 나아가는 단계이고 경배에 단계는 보좌 앞에 이르는 단계로 설명하고 있다.

둘째, 콘웰이 이야기하는 찬양은 넓은 개념이고 그 콘웰의 찬양 개념 안에 예수전도단의 감사와 찬양과경배의 개념들이 전체를 이루는 하나의 순서들로 포함되는 것이라 하겠다. 이는 마치 찬양을 5단계로

---

27) 문희곤의 화목제라는 언급은 찬양과경배중의 교제를 말하는 듯하다.

구분한 빈야드의 5단계 Worship set과도 같은 것이다. 즉, 전체 구조
를 어떻게 나누느냐의 차이인데, 빈야드는 5단계로 나눈 것이고 예수
전도단은 3단계로 나눈 것이라 하겠다. 다만, 전체 형식의 개념인
'찬양'이라는 단어와 그것을 나눈 세부적인 단어로써의 '찬양'이라는
단어가 겹침으로 인해 혼돈이 있는 것이겠다.

초청의 단계 (Invitation)	나아감의 단계 (Engagement)	높임의 단계 (Exaltation)	경배의 단계 (Adoration)	친밀의 단계 (Intimacy)	정리의 단계 (Closeout)

빈야드 찬양과경배의 5단계 Worship Set

셋째, 이러한 경배의 개념을 바탕으로 경배 단계에서는 하나님의
임재와 계시가 일어난다고 이야기하고 있다. 찬양 단계와는 다른 경
배 단계의 특징이고, 보좌 앞에서의 상황으로 묘사하고 있다.

2. 찬양과경배의 구조 1-개념적 이해와 구조적 이해

(1) 찬양과경배의 구조 정립을 위한 콘웰의 이론과
예수전도단의 이론에 대한 비판적 고찰과 제언

먼저, 콘웰의 설명을 살펴보면,
첫째, 콘웰의 설명은 'Praise를 통해 하나님을 만난다'이다. 즉, 찬

양은 하나님과의 만남, 임재를 경험하는 장(Field)이 된다. 찬양 위에 하나님께서 임재 하신다. 콘웰의 설명은 '기도의 법이 믿음의 법(Lex Orandi Lex Creidendi)' 이라는 전통적 개념과 연관이 있다. 그리고, 이를 발전시킨 카즐이나 웨인라이트에 의해 주장된 '부활의 신비 경험의 장으로써의 역할을 성만찬 뿐 아니라 찬양이 감당할 수 있다' 는 내용에 근거한 것이라 볼 수 있다.[28] 이를 다시 쉽게 설명하면, 역사적으로 카톨릭은 '기도의 법은 믿음의 법' 이라는 즉, 온전한 형식이 온전한 믿음을 형성한다는 철학을 가지고 있다. 신앙이라고 하는 것, 믿음이라고 하는 것은 학교교육식으로 배워서 형성되는 것이 아니라, 공동체에서 공동체 전통 및 전례가운데에 참여하면서 형성된다고 보는 것이다. 그래서, 이들은 기도문, 예전 등을 중요시 여기며 발전시켜왔다. 그리고, 보통의 카톨릭 학자들이나 전통적인 개신교 학자들은 이를 성만찬 중심으로 발전시켜 연구하였다. 성만찬에 참여하여 부활의 신비를 경험하는 것이 우리의 신앙형성과 믿음의 성장을 가져온다는 쪽으로 말이다. 이 결과 성만찬이 예전 중에서도 믿음의 형성과 신앙의 형성에 막대한 영향을 주는 주요 예배요소로 지지를 받게 되었다. 그런데, 이 와든 달리, 찬양도 이러한 역할을 할 수 있으며 오히려, 찬양에 참예하는 것이 신비적 경험을 통한 믿음의 형성, 신앙의 성장에 더 큰 도움을 준다는 주장을 한 첫 사람이 바로 오토

---

28) 오토 카즐은 그의 저서 The Mystery of Christian Worship 및 White, James F. / 정장복, 조기연 공역(2005). 기독교예배학 입문 (Nashville : Abingdon Press, 1980). 예배와 설교 아카데미. 를 참조하라. 웨인라이트에 대한 것은 Wainwright, Geoffrey(1984). Doxology : The Praise of God in Worship. Doctrine and Life New York : Oxford University Press. 를 참조하라.

카즐이요, 이를 발전시킨 사람이 웨인라이트라고 할 수 있다. 음악은 단지 주님께 영광 돌리기 위해 사용되는 것 뿐 아니라, 임재경험을 위한 예배형식이라는 것이다. 음악도 본질을 가져오게 하는 정당한 형식이라는 것이다.

콘웰의 설명은 바로 이러한 이론 위에 서 있는 것이라 볼 수 있다. 찬양은 예전 전례 및 예배를 위해 마음을 준비 시켜주는 그러한 것이 아니라, 찬양이 바로 하나님과의 만남을 경험하게 하는 만남의 장인 것에 대해서 주장하고 있는 것이다.

둘째, 그런데, 그의 주장에서 Worship 이라는 단어는 다소 한가지의 정립 없이 몇 가지로 사용되고 있다. 이는 Praise의 정립에 비하면 미약하다고 할 수 있겠다. 본인의 생각으로는 콘웰의 설명의 온전함을 위해서는 아래와 같은 정리가 필요하다고 본다.

형식(본질을 가져오는 장(Field))	본질(presence of God)
찬양 (Praise)	경배 (Worship)

콘웰의 이론에 대한 제언

찬양을 본질을 가져오는 형식으로 볼 때에, 이와 대립되는 기존의 예배형태일 경우는 Worship이라는 단어대신 Worship Service라는 단어로 사용하고 본질의 의미로 Worship을 사용하는 것이 옳다고 본다.

찬양이 하늘에 닿다

이렇게 정리하면 찬양은 본질인 경배를 위한 형식이 되는 것이다. 찬양(Praise)이 형식에 멈추지 않고 본질로써의 경배(Worship)가 되어야 하는 것이다. 이는 경배가 본질을 가져다주는 형식이라서 찬양에서 빨리 경배로 가고자하는 경향을 보이는 것과는 전혀 다른 이야기이다. 경배를 본질로 이해하기에 찬양이 형식에 그치지 말아야 함을 이야기 하는 것이다.

반면, 예수전도단의 설명을 살펴보면,

첫째, 경배를 찬양다음의 순서로써 임재와 계시 즉, 본질이 일어나는 단계로 설명하고 있다. 경배(Worship)라는 단어사용에 있어서 콘웰과는 달리, 경배가 본질이 아니라, 본질을 가져오는 형식으로 이야기하고 있는 것이다. 엎드림과 같은 개인적인 임재에 대한 반응적 태도의 의미인 히브리어의 하와(Hawah), 헬라어의 프로스쿠네오(Proskuneo)에 가깝다. 찬양이 엎드림이 되어야 하는 것이 아니라 찬양다음에 하나님의 임재 앞에 엎드림과 같은 마음의 태도를 행위로 옮기는 경배 단계로 가는 것이다. 찬양이 경배의 전 단계이고, 경배는 찬양다음단계이다.

경배를 이렇게 전체 커다란 찬양의 개념 중 하나의 작은 순서로 사용하는 것은 상당한 이로움이 있다. 커다란 개념의 찬양이라 것을 조직적으로 나누어 구조를 형성하는 것이기에 찬양을 찬양되게 하는 데에 효과적이기 때문이다. 왜냐하면, 로버트 웨버가 말했듯이 예배는 극(Drama)이라 할 수 있다. 그렇다면, 기승전결이 있어야 하며 크라이막스가 있어야 한다. 로버트 웨버는 예전에서의 이러한 크라이막스를 성만찬으로 설명한다.[29] 찬양과경배에서는 바로 경배가 크라이막스가 된다하겠다.

둘째, 그런데 경배를 하나님의 임재하심의 단계 및 말씀하심의 단계로 정의하는 것은 다소 문제가 있다. 무엇을 이야기하고자 하는 줄은 알겠으나 예배학적으로 맞지 않는 부분이 존재한다. 그것은 바로 앞장들에서 살펴본 것처럼 예배는 하나님의 예배적 임재에 근거한다. 각각 순서에 역할적 차이가 있을지 몰라도 임재의 차이는 없다. 찬양과경배를 하나의 예배형태로서 보고 예배를 드린다라고 할 때에는 이미 찬양과경배 전체 위에 하나님의 예배적 임재가 근거되는 것이겠다. 그러므로 경배에만 하나님의 임재와 계시가 있다라고 한다면 찬양은 예배형태가 되질 못하는 것이 된다. 결국, 찬양은 정당한 예배형식이 되질 못하는 것이다. 이럴 경우 경배순서를 위한 준비단계로 전락하고 예전적 이해와 다를 것이 없게 된다. 물론, 예수전도단의 이해가 이러한 것을 주장하는 것이 아니다. 그걸 알 수 있는 것은 문희곤이 감사와 찬양을 예배로 표현한데 있다. 본인의 생각으로 이러한 오해가 일어날 수 있을 것을 예비해 문희곤이 기록해 넣은 것으로 본다. 그러므로, 예수전도단의 '경배에서의 하나님의 임재' 및 '경

---

29) 앞서 각주에서 언급한 로버트 웨버의 '예배학' 책을 참조하라.

100

찬양이 하늘에 닿다

배에서의 하나님의 만남'이라는 개념을 좀 더 예배학적으로 바르게 표현하는 것이 오해를 없앨 수 있을 것이다.

이는 차후에 계속적으로 살펴볼 것이다. 어찌되었든 예수전도단의 이론에 의해 찬양과경배의 구조가 감사와 찬양과 경배로 구성될 수 있는 모티브를 얻게 된 것은 예배학에 있어서 큰 수확이라 할 수 있겠다.

이에, 계속적으로 예수전도단에 의해 갖게 된 감사와 찬양과경배라는 찬양과경배의 구조를 성경을 통해 그 근거를 세워 보도록 할 것이다.

(2)구조로서의 경배 개념을 세우기 위한 노력 1
- 시편 100편 4절 고찰

시편 100편 4절은 구조에 있어서 두 가지의 주장이 있다. 하나는 삼중 구조이고 또, 하나는 이중 구조이다. 그 중 이중 구조는 다음과 같다.

| (I)감사함으로 그 문에 들어가며 | (III)그에게 감사하며 |
| (II)찬송함으로 그 궁정에 들어가서 | (VI)그 이름을 송축할 지어다 |

시편 100편 4절의 댓구적 이중 구조[30]

(I)과 (II)가 댓구가 되어 있고, 또한 (III)과 (VI)가 댓구를 이루고 있

---

30) 그랜드 종합주석과 톰슨를 참고하여 이를 토대로 표를 만든 것이다.

101

다. 그리고, (I)과 (II)는 성전에 들어가기 전 행위로써 (III)과 (VI)는 성전에 들어가서의 행위로써 구별된다. 이를 근거하여 번역된 영문성경이 NIV겠다. "Enter His gates with thanksgiving and His courts with praise; give thanks to Him and praise His name."이라고 시편 100편 4절을 기록하고 있다. 다음과 같이 구조를 정리할 수 있겠다.

Enter His gates with thanksgiving And His courts with praise;	Give thanks to Him And praise His name.

(표 30) NIV 버전 시편 100편 4절 구조 정리

이를 살펴보면, 크게 두 구조를 가지고 있고, 각각이 반복적인 댓구를 이루고 있음을 알 수 있다. 다시 말해, 동의적 평행법(Synonymous Parallelism)을 이룬 두 구절이 다시 평행법으로 연결되어 있는 것이다. 그러므로, 이러한 해석을 통해서 '그 문(his gates)' 과 '그 궁전(his courts)' 을 다른 뜻으로 볼 수도 있겠지만, 같은 뜻을 내포하고 있는 단어라 볼 수 있다.[31] 최소한 궁정이 성소나 지성소를 가리키는 것이 아님을 확언할 수 있다. 그렇다면, 이 구절은 결국, 성전을 들어가면서 부르는 국면과 성전을 들어가서 부르는 국면의 이중 구조로 되어 있다고 볼 수 있는 것이다.

시편 100편의 삼중 구조는 모티어(Motyer)가 설명하고 있는데, 아래와 같겠다.[32]

---

31) 톰슨 성경편찬위원회 편집(1991). 톰슨II 주석 성경. 기독지혜사. p876. 를 참조하라
32) Carson, D A. and R T France ed. /김순영외 역(2006), IVP 성경주석 구약(Intervasity Press, 1994). IVP. p752. 를 참조하라

평행구조	삼중구조	본문내용
A1	삼중초청	온 땅이여 여호와께 즐거이 **부를찌어다** 기쁨으로 여호와를 **섬기며** 노래하면서 그 앞에 **나아갈찌어다**
B1	삼중확언	여호와가 우리 **하나님**이신 줄 너희는 알찌어다 그는 우리를 **지으신 자시오** 우리는 **그의 것**이니 그의 백성이요 그의 기르시는 양이로다
A2	삼중초청	감사함으로 그 문에 **들어가며** 찬송함으로 그 궁정에 **들어가서** 그에게 **감사하며** 그 이름을 **송축할찌어다**
B2	삼중확언	대저 여호와는 **선하시니** 그 **인자하심**이 영원하고 그 **성실하심**이 대대에 미치리로다

Motyer의 시편 100편 삼중 구조적 설명 정리

그는 시편 100편에 대해, 전체적인 평행법 구조 안에서 각각의 절이 삼중구조로 되어 있음을 설명한다. 시편 100편 4절에 대한 설명에서는 점점 증가하는 친밀감을 세 개의 동사를 사용하여 그분께 인도하고 있다고 말하고 있다. 또한, '문'과 '궁정'과 '이름'의 삼 단계를 언급하고 있다. 하지만, 그의 설명에서 세 개의 동사라는 내용은 사실상 이중구조와 다를 게 없다. '들어가며'와 '들어가서'로 구별하여, '들어가며'에 '감사'와 '찬양'을 '들어가서'에 '감사'와 '송축'을 집어넣으면 이중 구조가 된다.

또한, 문과 궁정과 이름이라는 삼중적 내용에 관해 고찰해 보면, 위에서 언급하였듯이 문과 궁정을 같이 보느냐 또는 다르게 보느냐의 해결과제가 남아 있기에 삼중적으로만 볼 수는 없다. 사실상 문이 어떠한 문을 가리키는지, 또한 궁정이 어떠한 것을 가리키는지는 정확하지 않다. 시편 100편의 저자도 누구인지 모르며, 저자가 시편 100편을 쓸 때 다윗의 장막을 생각하면서 또는 모세의 성막을 생각하면서 또는 장차 지을 솔로몬 성전을 생각하면서 썼는지 알 수 없다.

시편 구절 국면	문	궁정	그분, 그 이름
솔로몬 성전 구조	바깥 뜰 문	안 뜰 문	성전 안 뜰
모세의 성막 Tabernacle of Wilderness	성막 출입문		성막 뜰[33]
노래 국면	성전을 올라가면서 노래함		제사 중 노래함
3중 구조	감사	찬양	송축(경배)

시편 100편 4절에 대한 해석

솔로몬 성전은 세 개의 문이 있다.[34] 바깥에서 성전 바깥뜰(great or outer court)로 들어가는 문, 이 문에는 7계단이 있다. 다음으로 바

---

33) 성막 뜰 성막에도 안뜰과 바깥뜰이 있다. 성소를 중심으로 한 주위의 뜰을 안뜰이라 하였고 번제단과 물두멍이 있는 제사장들이 제사를 드리던 뜰을 바깥뜰이라 한다. 다윗 시대 때에는 헤만과 여두둔을 보내어 찬양케 하였는데, 성전을 기준으로 볼 때 성소를 중심으로 오른편 쪽 바깥뜰에 서 레위 찬양대가 있었을 것이다. 그러므로, 성막 바깥뜰이 정확한 표현이겠다. 성막 안뜰과 바깥뜰에 대한 자료는 (이종수, 광야의 성막. 기독교문사.1990: 154)를 참조하라.

34) 솔로몬 성전에 대한 자료는 박찬희, "솔로몬 성전", 박찬희 목사의 교회사 이야기, http//lord, kehc, org 를 참조하라.

찬양이 하늘에 닿다

깥뜰에서 제사장과 번제단이 있는 안뜰(upper or inner court)로 들어가는 문이 있다. 이문에는 8개의 계단이 있다. 그리고, 성소로 들어가는 문이다.

그러하기에, 시편 100편을 성전을 생각하여 해석한다면, '그 문'은 성소 문을 제외한 두 문을 언급한 것일 수 있고 그 중 하나를 언급한 것일 수 있다. 그렇다면, '궁정'은 안뜰을 포함한 성전으로 보아야지 성소로 볼 수는 없다.[35) 성소에서는 찬양이 없었다. 찬양은 성전 안뜰 동편에 마련된 장소에서 찬양이 제사 중에 울려 퍼졌다.[36) 그러므로, 여러 가지 해석이 있겠지만, 가장 근접한 해석은 시편 100편 4절의 '문'은 바깥뜰로 들어가는 문을 가리키며, '궁정'은 성소와 성소문과 성소문의 기둥이 보이기 시작하는 안뜰로 들어가는 문을 가리키는 것으로 보는 것이겠다.

모세의 성막의 경우는 문이 하나이기에 문과 궁정이 같은 문을 가리킬 수 있다. 그러나, 궁정이 성소를 가리키는 것이 아니겠다. 결국, 삼중구조는 이중구조에서 성전 안뜰에 이르기 전 단계를 둘로 나눈 것이라 볼 수 있다.

이상을 근거하면, 성전으로 올라가는 국면의 찬양과 성전 안 국면

---

35) 이 이유로 Law의 구분을 시편100편 4절을 근거한 것이라고 볼 수 없는 것이다.
36) 대하 29:4, 26-29절에 보면, 안뜰 동편 광장에 레위인 찬양대를 모으고 제사의 시작부터 끝까지 그리고 끝나고 나서도 찬양하게 하였다.

의 찬양을 좀 더 자세히 구분할 수 있다. 이를 포함하여 이제 시편 100편의 4절의 해석을 명확히 하면 앞선 표와 같이 되겠다.

그러므로 시편 100편 4절에 대한 올바른 해석은 다음과 같다. 첫째, 시편 100편 4절은 두 상황으로 성막 및 성전을 올라 가면서의 상황과 성소나 지성소가 아닌 성전 바깥뜰에서의 상황이다. 이중구조로 보면, 찬양(감사+찬양) 그리고 송축으로 될 수 있으며 3단계 구조로 보면, 감사와 찬양과 송축이 될 수 있다. 한편, 송축은 히브리 원어로 바락(barak)이다. 이는 무릎을 꿇다라는 뜻이다. 그러하기에, 엎드림의 뜻인 하와(Hawah), 프로스쿠네오(Proskuneo)의 경배라는 단어와 일맥상통한다고 볼 수 있다. 그래서 송축대신 경배라는 단어를 넣게 되면 감사와 찬양과경배라는 3단계 구조가 성립되는 것이다.

둘째, 송축 즉, 경배의 단계는 성소나 지성소와는 아무런 상관이 없다는 것이다 위에서 살펴본 것처럼 성전 안뜰 및 성막 바깥뜰에서의 상황이다. 그러므로, 경배라는 상황을 지성소에 근거하여 임재와 동일시하는 견해는 옳지 않다. 이 성경구절을 근거로 성소 및 지성소와 연관하여 찬양과경배를 설명하는 것은 무리가 있는 것이다. 전체 찬양이라는 것이 세부적으로 감사와 찬양과경배라는 구조를 가지고 있는데, 이를 이중구조로 보면 찬양(감사+찬양)과 경배가 되고 찬양은 성전 문에 이를 때 가지의 국면 그리고, 경배는 성전 안뜰에서의 국면이라고 설명해야 맞다. 이 구절을 근거로 찬양을 성전 뜰로 그리고 경배를 성소 및 지성소로 구분하는 것은 옳지 않은 것이다. 결국, 시편100편 4절을 통해 얻을 수 있는 것은 찬양은 두 국면으로 구성할 수 있다는 사실이다. 즉, 그동안 역사하심에 대한 감사와 찬양이라는 국면과 지금 이 시간에 임하시고 역사하실 하나님을 송축하는 국면으로 구성할 수 있다는 것이다.

(3) 구조로서의 경배 개념을 세우기 위한 노력2

- 시편 95편 고찰

빈야드 5단계의 근거가 되는 시편 95편의 구조를 모티어는 다음 표와 같이 설명하였다.[37]

평행구조	본문해설
A1(1-2)	기쁨으로 예배드리라는 부름
B1(3-5)	그분의 위대함에 대한 설명
A2(6)	경외함으로 예배드리라는 부름
B2(7A-C)	우리의 특권에 대한 설명
A3(7D)	순종하라는 부름
B3(8-11)	그 엄숙한 함축적 의미에 대한 설명

(표 35) Motyer의 시편 95편 구조 설명

이 시편은 구약시대 성전제사 때 드려진 감사시이다.[38] 이 시는 회중의 부분과 독창자의 부분으로 나누어져 있다.[39] 독창자의 부분은

---

37) 같은 책, p749
38) 제자원 편집(1993). 그랜드 종합주석 8 : 욥기 시편. 성서교제 간행사. p1118 을 참조하라.
39) 톰슨, p875에서는 1절에서 7절까지 찬양인도자에 의한 회중의 부분, 8절 이하는 독창자인 예배인도자의 부분이라고 설명한다.

107

시편 95편	성경 말씀(개역한글, KJV)	순서
1절	오라 우리가 여호와께 노래하며 우리 구원의 반석을 향하여 즐거이 부르자 O come, let us sing unto the lord: Let us make a joyful noise to the rock of our salvation	초청
2절a	우리가 감사함으로 그 앞에 나아가며 Let us come before his presence with thanksgiving,	나아감
2절b -5절	시로 그를 향하여 즐거이 부르자/대저 여호와는 크신 하나님이시오 모든 신위에 크신 왕이시로다/땅의 깊은 곳이 그 위에 있으며 산들의 높은 것도 그의 것이로다/바다가 그의 것이라 그가 만드셨고 육지도 그의 손이 지으셨도다 And make a joyful noise unto him with psalms./ for the lord is a great god, and a great king above all gods./ in his hand are the deep places of the earth: the strength of the hills is his also./ the sea is his, and he made it: and his hands formed the dry land.	높임
6절	오라 우리가 굽혀 경배하며 우리를 지으신 여호와 앞에 무릎을 꿇자 O come, let us worship and bow down: Let us kneel before the lord our maker.	경배
7절	대저 저는 우리 하나님이시요 우리는 그의 기르시는 백성이며 그 손의 양이라 너희가 오늘날 그 음성 듣기를 원하노라 For he is our god; and we are the people of his pasture, And the sheep of his hand. To day if ye will hear his voice,	친밀
8절 -11절	이르시기를 너희는 므리바에서와 같이 또 광야 맛사의 날과 같이 너희 마음을 강팍하게 말찌어다/ 그 때에 너희 열조가 나를 시험하며 나를 탐지하고 나의 행사를 보았도다/ 내가 사십년을 그 세대로 인하여 근심하여 이르기를 저희는 마음이 미혹된 백성이라 내 도를 알지 못한다 하였도다/ 그러므로 내가 노하여 맹세하기를 저희는 내 안식에 들어오지 못하리라 하였도다 Harden not your heart, as in the provocation, and as in the day of temptation in the wilderness:/ when your fathers tempted me, proved me, and saw my work./ forty years long was i grieved with this generation, and said, it is a people that do err in their heart, and they have not known my ways:/ unto whom i sware in my wrath that they should not enter into my rest.	말씀

시편 95편의 구조

108

찬양과경배 후에 하나님의 말씀이 선포되어지는 형태를 취하고 있다.[40] 독창자의 부분인 세 번째 부분을 제외하고 회중의 부분은 두 국면의 구조로 되어 있다. 즉, 찬양의 국면과 경배의 국면이다. 1절에서 5절까지는 찬양의 국면이고, 6절, 7절은 경배의 국면이라 할 수 있다. 이는 시편 100편 4절에서 얻은 결과와 동일하다 하겠다.

시편 100편 4절과 다른 점은 첫째, 전체 시편 찬양 중에 하나님이 임재하신다는 점이 나타난다는 것과 둘째, 말씀하신다는 것이다.

그러므로, 시편 95편을 통해 알 수 있는 것은 첫째, 우리가 살펴본 것처럼 찬양 전체의 구조를 감사와 찬양과경배라는 삼중 또는 이중 구조로 구성할 수 있다는 것과 둘째, 전체 찬양 중에 하나님께서 임재 하신다는 것 즉, 전체 찬양이 하나님의 임재 및 만남의 예배형식의 역할을 해내고 있다는 것, 셋째, 하나님께서 경배를 지나 말씀하시고 계시는데, 즉, 경배는 말씀의 장 역할을 하고 있음을 알려주고 있는 것이라 하겠다.

이상의 시편 100편 4절과 95편을 통해 찬양과경배에 대해 정리 하면 다음의 표와 같겠다.

---

40) Keil, C F. And F Delitzsch. / 최성도 역(2000), 구약주석 14 : 시편(1987). trans James Martin. 기독교문화사. p358 을 참조하라.

	구조에 대하여	찬양	경배	임재 및 임재경험의 근거
100편 4절	찬양 (감사+찬양) 과 경배	지금까지 역사하신 하나님께 감사와 찬양	이시간 역사하시고 말씀하실 하나님께 송축	안 나타남
95편	감사, 찬양, 경배	즐거이 찬양, 하나님이 어떠하심을 선포	엎드림, 오늘의 주제적 계시	근거가 나타남

즉, 시편 100편 4절과 95편을 통해서 찬양과경배의 구조가 감사와 찬양과경배로 이루어질 수 있다는 근거를 마련하게 되었다. 또한, 찬양의 국면은 지금까지의 역사하신 하나님을 선포하는 그리고, 역사하신 하나님께 감사와 찬양을 올려드리는 국면이고 그 성격은 즐겁고 기쁜 국면이라고 정리할 수 있고, 경배의 국면은 지금 이시간에 새롭게 주어지는 하나님의 주제적 계시를 받고 말씀하신 하나님을 경외함으로 높여드리는 그러한 국면이라고 정리할 수 있겠다. 물론, 이 모든 국면은 하나님의 임재하심가운데 이루어지는 것이겠다. 찬양도 경배도 말이다. 하지만, 찬양과경배의 모든 국면에 임재가 서려 있고 임재경험의 가능성이 열려 있다는 근거 마련은 다소 부족한 느낌을 준다. 이에 대한 충분한 근거 마련은 바로 다윗의 장막을 고찰함으로 얻을 수 있겠다.

(4) 구조로서의 경배 개념을 세우기 위한 노력3

- 다윗의 장막

다윗의 장막은 모세 시대의 성막과는 전혀 다른 예배의 형태이다. 다윗 시대에는 법궤를 찾아오면서부터 예배처소가 둘이 된다(대상 16:37-42). 그 중 다윗의 장막은 법궤가 안치된 천막으로써 예루살렘 시온 산에 있는 예배 처소이다. 그 당시에는 모세의 성막이 기브온 산에 자리를 잡고 있었다. 두 예배처소가 생기면서 두 예배처소에서의 예배는 차이를 보이면서 담당자들도 다르게 배치되었다.

모세의 성막은 다윗시대에와서 제사장이 사독이 되고 없었던 찬양대가 생겼다. 그리고, 제사를 그대로 드렸다. 하지만, 광야시대 때와는 다르게 제사 때 찬양이 있었다. 이는 계속적으로 성전예배에서도 마찬가지로 이어지는데, 성전제사 때 계속적으로 찬양하도록 하였다(대하 29:26-28). 그와는 달리, 다윗의 장막에서는 제사가 궤를 찾아와서 안치 할 때 드린 것 외에는 없었다. 그리고, 찬양만 계속적으로 하도록 하였다. 다윗의 장막 안에 궤만 있었고, 궤 주위에 찬양하는 레위지파 찬양대와 회중이 함께 모여 찬양을 계속적으로 하였다. 다윗의 장막의 경우는 장막 문을 열고 들어가는 순간부터 궤가 보였고 찬양은 끝이 없이 계속 되었다. 또한, 찬양이 제사를 돕는 역할뿐이 아닌 찬양자체가 찬미의 제사였다(히 13:15). 회중이 찬양을 시작 하면서부터 하나님의 임재와 영광을 맛볼 수 있었다. 즉, 찬양은 전체 예배형식이면서 본질적인 임재경험을 위한 장이되는 것이었다(시 22:3).

모세의 성막 및 성전에서의 찬양은 독립적으로 존재했다기보다 제사가 드려질 때 함께하였다. 물론, 제사가 끝난 뒤에도 아삽을 통해서 계속 찬양하도록 하였다(대하 29:29-30). 그러므로, 성막 및 성전에서의 찬양을 제사에 종속적이라고 단언하기는 어렵지만 적어도 독립적이지는 않았다라고 할 수 있다. 그에 반해, 다윗의 장막은 찬양이 독립적으로 존재하여 제사를 대신하였다. 찬양 중에 하나님이 임하셨다. 그런 의미에서 다윗의 장막은 자체적으로 찬양 중에 임재 하신다는 것의 성경적 근거가 된다. 결국, 성막 및 성전보다도 다윗의 장막이 찬양과 임재에 대한 관계성에 그 근간이 되는 것이겠다.[41]

다윗의 장막	모세의 성막
시온 산에 있음	기브온 산에 있음
궤가 있음	궤만 없고, 다른 성전물건이 있음
제사가 궤를 가져 올 때 한번 있었음. 그 이후에는 없음	제사는 사독과 그 형제 제사장을 세워 섬기게 했음
아삽을 비롯한 찬양대를 세웠음	찬양대는 헤만과 여두둔을 비롯한 자들을 세워 찬양하게 했음

(표 33) 다윗시대 때의 다윗의 장막과 모세의 성막의 차이점

---

41) 다윗의 장막은 성막 및 성전 이후 또한 예수님의 부활 이후 제사가 필요 없는 기독교 예배의 입장에서 바라 볼 때, 제사가 없는 최초의 예배였다고 할 수 있다. 또한, 제사가 없는 예배의 처음이 찬양으로 구성하는 예배였다는 것은 의미가 있는 내용이라 할 수 있다. 김진호2003). 예배와 삶. 한국 다리 놓는 사람들. pp 135-145 를 참조하라.

찬양이 하늘에 닿다

(5) 구조로써 경배에 대한 올바른 정립

가. 경배과 임재와의 관계

앞서 살펴본 것처럼, 경배중 임재하신다는 표현은 예배학적으로 올바르지 않음을 살펴보았다. 그리고, 감사와 찬양과경배 모든 순서에 다시 말해, 예배형식으로써의 전체 찬양 위에 하나님의 예배적 임재가 있는 것임을 알았다. 그래서, 예배자는 성령의 도우심으로 전체 예배순서의 각각의 요소를 통해서 주님을 경험할 수 있다하겠다. 임재 경험할 수 있는 것이다. 그러므로, 감사와 찬양과경배의 순서들은 역할의 차이가 있는 것이지 임재의 유무가 있는 것은 아니다. 결국, 경배중 임재하심이라는 표현은 예배학적 오해의 소지가 있음으로 경배중 임재의 절정에 다다른다는 표현으로 바꾸는 것이 적절하다고 본다. 앞으로 살펴볼 것이지만, 감사는 입례의 역할을 하는 것이고 찬양은 선포적 역할과 높임적 역할을 하는 것이고 경배는 임재의 절정으로 오늘에 하실 주제적 계시와 경배적 높임의 역할을 하는 순서인 것이다. 하나님의 예배적 임재 속에 이 모든 순서가 합쳐져서 찬양과경배의 구조를 온전히 이루게 되는 것이다.

> 찬양과경배는 모든 신자와 회중들이 삶에 중요한 역할을 합니다. 만약 경배가 찬양보다 중요하다고 생각한다면 찬양 예배 때마다 경배 쪽으로 진행하려고 애를 쓸 것입니다. 그러나, 어떤 때는 얼마 동안 찬양에 머물러 있거나 또는 예배를 높은 찬양으로 끝내기위해 절정으로 이끌고 가는 것이 적당합니다. [42]

---

42) 밥 소리기, 최혁 역(2005), 찬양으로 가슴벅찬 예배, 두란노, p111을 참조하라.

113

이러한 밥소르기의 말은 위의 견해와 동일한 것이라 볼 수 있다. 역할의 차이가 있을 따름이지 임재의 유무 또는 경중의 차이가 있는 것이 아니겠다.

나. 경배와 계시와의 관계

기존예배에서 하나님의 말씀은 설교에 집약되고 이를 통해서 선포되어 진다. 그러나 요즘에는 오히려 상징, 공간, 시간, 음악 등 모든 것을 통한 말씀 선포를 하고자 노력하는 경향을 가지기도 한다.[43] 그러하기에 그날의 주제를 설교 중심으로 다양한 예배적 요소와 협력하여 전달하고자 노력하는 것이 현대 예배에 있어서 바람직한 자세이겠다. 그런 의미에서 찬양예배도 설교가 중심이 되어 그날의 주제가 선포되어지는 것이 가장 중요하다. 이에 따라 음악도 장식도 그외 다른 예배적 요소들도 정해지는 것이겠다. 그렇다면, 찬양예배중 찬양과경배도 마찬가지다. 찬양과경배가 예배에로 통합되어질 때 찬양과경배도 오늘 주제의 선포에 일조해야 한다. 이러한 면에서 찬양과경배는 예배기획에 있어서 설교에 종속적이라 할 수 있다. 물론, 은사적 특징이 강한 예비인 경우는 성령의 역사하심에 민감하기에 설교를 뛰어넘을 때가 있다. 예를 들어, 찬양중 강한 임재와 계시를 경험하게 되어 오히려 설교자가 주제를 바꾸어 찬양과경배중 계시를 오늘의 주제로 삼고 선포할 때도 있다. 이 경우는 오히려, 설교가 찬양에 종속적인 모습을 가지게 되는 것이다. 이는 은사적 경향이 강한

---

43) 랠프 갈린 클링안, 허정갑 역(2005), 입체설교, 프리칭아카데미, 를 참조하라.

예배일수록 자주 일어난다. 그러나, 전통적 개신교 영향아래 있는 찬양예배의 경우는 대부분의 경우, 설교에 종속적으로 자리매김 되는 것이 보통이며 바람직하다.

한편, 지금 이 곳에 이 시간에 말씀하신다는 것은 새로움을 의미한다. 아무리 이전에 했었던 같은 말씀을 다시 반복하여 선포하여도 지금 이 시간에 선포되는 것은 새로운 것이다. 오늘이라는 것은 늘 새로움인 것이다. 그리고, 지금 이 시간 이 장소의 예배자들에게 선포되어지는 것은 이전에도 이후에도 없는 단하나의 사건이다. 이는 다른 어느 곳에도 어느 시간에도 없는 새로운 선포이다.

또한, 하나님의 사랑의 성품상 지금 선포되어지는 말씀은 이 시간에 가장 적절한 말씀인 것이겠다. 그분이 사랑이 아니셨다면 대충 언제 더 필요한 말씀을 그냥 오늘 선포해 버릴 수도 있다. 그러나, 그분은 그렇게 하지 않으시는 분이시다. 그러기에 세상엔 우연이란 없다. 그리고, 어디서 어느 때 누구의 입에서 선포되어지는 말씀이라도 그 곳의 예배자들에게 가장 적절한 선포가 될 것이다. 그리고, 그 말씀은 살아서 각각의 예배자의 마음 속에 들어가 더욱 각자의 필요대로 역사하실 것이다. 이렇게 바로 오늘 이곳에 예배 가운데 새롭게 선포되어지는 것을 본인은 주제적 계시라 명하고자 한다.

예배에 있어서 설교의 시간은 바로 주제적 계시가 선포되어지는 시간이겠다. 또한, 설교를 포함한 모든 예배순서들은 이 주제적 계시의

115

도구가 되어야 하는 것이겠다. 찬양과경배 상황도 마찬가지다. 하나님은 찬양과경배중에 임재 하셔서 또한, 말씀하시는 것이다. 전체 찬양 모든 순서에서 하나님은 말씀할 수 있으시다. 또한, 예배자들도 하나님의 그러한 계시를 어느 순서에서도 들을 수 있다. 그러나, 분명 오늘 선포되어져야하는 주제적 계시가 있을 것이다. 그 주제적 계시의 선포가 있어야 오늘의 찬양과경배를 의미 있게 하는 것이겠다. 찬양과경배에 있어서 이러한 주제적 계시가 일어나는 상황 및 순서가 바로 경배의 순서에서이겠다.

감사와 찬양은 시편 100편 4절을 통해서 살펴 본 것처럼, 성전 문에 이르고 그 문을 지나 성전 안뜰에 이를 때까지의 단계로써, 그 동안의 역사하심을 기억하면서 하나님에 대한 선포와 그분을 높이는 찬양의 내용이 주를 이룬다. 즉, 찬양의 경우, 그동안의 역사하심에 기반을 둔 하나님의 하나님 되심, 예를 들어, 구원, 승리, 보혈, 회복, 신실의 하나님을 선포하는 것이겠다. 이를 기독론적 일반적 계시라 할 수 있겠다. 즉, 모든 기독론적인 내용이 찬양의 내용이 될 수 있겠다. 과거에 역사하심이라 할 때에 모든 주제를 이야기하는 것이라 볼 수 있기 때문이다. 하나님은 모든 주제로 높임을 받으심이 마땅하시다. 그러나, 경배는 성전 안뜰에서의 상황으로써 오늘의 하나님에 관심이 집중되는 것이다. 오늘 임하셔서 오늘을 오늘 되게 하실 하나님을 높이고 그분의 음성에 귀 기울이는 단계인 것이다. 일반적 계시중 오늘의 주제적 계시를 선포하는 단계이겠다. 오늘 새롭게 말씀하시는 주님, 비록 이전의 이미도 세상에 선포된 말씀들이라 할지라도 오늘 이 시간 이 장소에 새롭게 선포되어지는 것이기에 새로운 말씀인 것이겠다.

지금까지 이야기한 임재와 계시를 고려하여 이를 다시 정리하면, 첫째, 기존예배에서 설교에 주제가 집약된다고 하여 다른 예배순서들에 임재가 없다고 말하지 않는다. 마찬가지로 찬양과경배에서 경배중 주제적 계시가 집약되어 선포되지만 경배에만 임재가 있다거나 다른 순서들에 임재가 없다고 말하면 안 된다. 만약, 다른 순서에 임재가 없다고 하면 또는 경배에만 임재가 있다고 하면 그것은 앞서 살펴본 것 처럼 온전한 이론이 아닌 것이다.

둘째, 찬양과경배는 전체가 임재상황이다. 이런 임재 속에서 찬양과경배 각각의 순서에서 계시가 일어난다. 그중 경배의 순서는 오늘의 주제적 계시가 집약되어 선포되는 순서이겠다. 오늘의 설교의 주제가 이전에 계시된 말씀이라 하여도 새로운 것이다 왜냐하면 오늘을 오늘 되게 하는 말씀이기 때문이다. 마찬가지로 경배중 주제적 계시가 감사나 찬양순서 중에 선포된 내용이거나 또는 이전에 선포된 내용이라 하여도 주제적 계시로 선포하고 있는 것이라면 새로운 것이다.

셋째, 찬양예배인 경우는 찬양과경배중 경배에서의 주제적 계시가 설교말씀과 함께 협력하여 전체 주제적 계시 역할을 하고 있는 것이겠다. 물론, 일반적으로는 설교에 종속적으로 말이다. 그래서, 찬양과

117

경배를 기획할 때에는 오늘 말씀의 주제가 무엇인지를 살펴 이에 따라 기획하여야 하는 것이겠다.

> 경배는 하나님의 마음에 가까이 우리를 인도합니다…… 경배는 보다 개인적이며 하나님께 몰입되는 것입니다…… 찬양코러스냐 또는, 경배 코러스냐를 결정하는 가장 좋은 방법은 곡의 속도를 보는 것뿐 아니라, 가사의 주제를 보는 것입니다.[44)]

밥소르기의 이러한 말은 바로 위의 내용을 반영하는 것이라 하겠다. 주제적 계시가 선포되어지는 상황이 바로 경배인 것이다. 그리고 그 상황은 좀 더 마음을 써서 예배자가 하나님께 나아가게 되어 있다. 그러나. 이 모든 것은 동일한 임재상황인 것을 잊지 말아야 한다. 임재의 유무가 있는 것이 아니다. 그 대신 로버트 웨버의 이야기처럼 예배는 극화된 것이기에 기승전결이 있을 수 있겠다. 그러므로, 마치 예전에서 성만찬이 신비적 임재의 절정인 것처럼 찬양과경배에서는 경배상황에서의 주제적 계시가 그 절정에 해당한다라고 하는 것이 옳다.

(6) 본질의 의미로써 경배와
구조의 의미로써의 경배 구분을 위한 제언

그동안은 찬양과경배를 이해하는데 있어서 이에 대한 정확한 이해

---

44) 밥 소리기, pp108-110

가 없어서 혼선이 빚어졌다고 볼 수 있다. 위에서 설명한 내용들을 토대로 정리하면서 본인은 콘웰에 대한 비판적 사고를 통해 얻어진 개념을 '찬양과경배의 개념적 이해'로 정의하고자하고 예수전도단을 통해서 얻어진 개념을 '찬양과경배의 구조적 이해'로 정의하고자 한다.

	찬 양	경 배
찬양과경배의 개념으로써의 의미	전체 예배 형식으로써 찬양	본질의 의미로서의 경배
찬양과경배의 구조로써의 의미	감사 즉, 입례 다음의 순서로 (또는 감사를 포함한) 일반적인 기독론적인 계시와 응답이 이루어지는 부분으로써의 찬양	찬양 다음의 순서로써 주제적 계시와 이에 대한 응답이 일어나는 부분으로써의 경배

올바른 찬양과경배에 대한 이해1

그동안 경배가 무엇인지에 대해 정확한 정립이 어려웠던 것은 바로 이렇게 본질을 의미하는 개념으로써의 경배와 하나의 순서를 의미하는 구조로써의 경배가 제대로 구분됨 없이 혼선을 빚어서 그러하다. 구조로써의 경배는 감사와 찬양과 마찬가지로 하나의 형식적 순서이다. 즉, 감사와 찬양과경배 모두가 본질인 임재경험이 일어날 수 있는 장(field)으로써의 형식이다. 이는 마치 빈야드 찬양과경배의 5단계 구조에서 'Adoration' 단계와 'Intimacy' 단계를 합쳐놓은 역할을 하는 순서라 볼 수 있겠다. 반면, 개념적으로 이해할 때 찬양은 형식이고 경배는 본질인 것이다.

위의 표 중 아래의 것을 보면 찬양이 형식이고 경배가 본질인 경우는 수직으로 위치해 두었다. 이는 찬양위에 또는 찬양 중에 하나님이 임재하신다는 개념을 갖도록 하기위한 것이다. 찬양을 지나 본질에 이른다라고 수평으로 위치시켜 두어도 문제가 아닌 듯하나, 은근히 찬양이 준비찬양과 같은 오해를 불러일으키는 다소의 문제가 발생한다.

또한, 찬양과경배가 각각의 순서인 구조적 이해인 경우 찬양과경배를 수평으로 놓았다. 그리고, 그것들 위에 본질인 임재와 임재경험을 위치시켜 놓았다. 이도 역시 찬양과경배 다음 옆으로 본질을 위치시켜 놓았을 경우는 찬양과경배를 준비과정으로 보개하는 오해를 갖을 수 있겠다. 그래서, 찬양이 형식이고 경배가 본질인 경우는 찬양위에 경배를 위치시키는 수직적 배치를, 찬양과경배가 각각의 순서인 경우는 찬양과경배를 수평으로 배치하고 본질은 위에 배치하는 −경배입장에서 볼 때− 수평적 배치를 하는 것이 올바른 이해를 위해 적당하겠다. 그래서, 본인은 개념적 이해를 수직적이라 하고, 구조적 이해를 수평적이라 명하고자 한다. 이는 나중에 계시와 응답의 적용에서도 그대로 적용되어 사용된다. 너무나 중요한 계시와 응답은 이어서 살펴보게 될 것이다.

여기서 한 가지, 하나의 고유명사가 된 'Praise and Worship'의 해석에 대해 많은 학자들 및 많은 교회에서 '경배와찬양'으로 Praise and Worship을 번역하여 사용하기도 한다. 이는 하스데반의 경배와 찬양 모임의 영향으로 인해 그렇게 사용하게 되었다고 볼 수 있겠다. Praise and Worship을 개념적으로 번역하여 사용하는 것이면 '찬양과경배'로 사용하든 '경배와찬양'으로 사용하든 아무 문제가 없다. '형식과 본질'이나 '본질과 형식'이라 하여도 그 의미에는 지장이 없기 때문이다. 그러나, 찬양과경배를 구조로 이해하고 있는 중이라면 '경배와찬양'으로 쓰는 것은 '경배의순서 다음에 찬양의 순서'라고 말하는 것이 된다. 이는 옳지 않은 것이다. 그러므로, 경배를 어떤 의미로 사용하고 있는지를 인식하면서 단어들을 사용하여야 할 것이다.

3. 찬양과경배의 구조 2
─계시와 응답을 적용한 찬양과경배의 이해

구조에 있어서 찬양과경배의 구분을 계시와 응답을 사용하여 정립하면 다음과 같다. 1장에서 정리한 계시와 반응, 응답과 열납이라는 커뮤니케이션 정립을 토대로 한 것이다.

감사의 국면				찬양의 국면		경배의 국면	
모임		나아감		선포 (기독론적 일반적 계시)	찬양	주제적 계시	경배
임재	모임	부름	나아감				
↓	↑	↓	↑	↓	↑	↓	↑

계시와 응답을 고려한 찬양과경배의 구조

이상을 살펴보면, 먼저, 감사의 국면은 시편들을 살펴보아도 알 수 있지만 입례의 역할이라 하겠다. 그래서, 감사의 국면은 입례의 신학

121

을 바탕으로 구성될 수 있겠다. 그리고 찬양의 국면은 앞서 살펴본 것처럼, 기독론적 일반적 계시가 선포되고 이에 응답하는 찬양으로 구성할 수 있겠다. 그리고, 경배의 국면은 바로 주제적 계시와 이에 응답하는 경배로 구성할 수 있겠다.

(1) 찬양의 방향[45)]과 언어학적 고찰

계시와 응답의 적용에 앞서 다양한 방향성과 목적을 가지고 있는 찬양의 의미를 먼저 살펴보는 것이 좋겠다. 왜냐하면, 단순히, 찬양을 하나님을 높이는 역할이라고만 알고 있다면, 선포 및 높임 및 격려를 위한 방향적 적용이 이해가 되지 않으며 혼란이 올 수 있기 때문이다.

혹자들은 찬양이라 하면 단순히 하나님을 높이는 노래로만으로 생각한다. 그러나, 그것은 좁은 의미에서이고 넓은 의미에서는 그렇지 않다. 찬양 및 교회음악이라고 할 때에는 목적과 방향에 따라 크게 세 가지가 있다. 교회음악 신학자들은 교회론에 근거하여 방향에 따라 교회음악의 종류를 세 가지 영역으로 나눈다. 즉, 케리그마적 음악, 레이투르기아적 음악, 코이노니아적 음악이다. 케리그마적 음악은 선포적 음악이고, 레이투르기아적 음악은 찬양과 기도의 내용으로써 하나님을 높이는 음악이고, 코이노니아적 음악은 서로를 격려하는 음악이겠다. 이에 근거하여 찬양도 마찬가지로 적용할 수 있을 것이다.

---

45) 이에 대한 것은 데이빗 패스의 책을 참고하기 바란다. 패스가 교회음악에서 정립한 것을 찬양까지 본인이 끌어와 찬양의 방향을 정립하여 보았다. Pass, David B. / 김석철 역(1997). 교회음악 신학 (New York : Broadman Press, 1989). 요단.

찬양이 하늘에 닿다

레이투르기아찬양			코이노니아	케리그마 찬양		
높임 찬양	간구 찬양	헌신 찬양	찬양	선포찬양	훈계찬양	은혜찬양
삼위일체 하나님을 높이는 찬양	하나님께 간구하는 찬양	하나님께 자신을 올리거나 자신의 결단을 올리는 찬양	서로를 격려하는 찬양	하나님의 속성, 성품, 능력을 선포하는 찬양	하나님의 말씀을 훈계하거나 가르치는 디다케적 찬양	간증으로 고백하거나 하나님을 향해 고백하지만 결과적으로 은혜를 받는 목적으로 부르는 찬양
하나님	하나님	하나님	예배자 서로	예배자	예배자	예배자
찬양하세	부흥	주님 내가 여기 있사오니	당신은 사랑받기	예수는 왕	again 1907	힘들고 지쳐

찬양의 방향

　살펴보면, 첫째로, 말 그대로 하나님을 높이는 찬양이다. 방향이 하나님을 향한다. 그리고 목적은 하나님을 높이는 것이다. 이를 레이투르기아 찬양이라 한다. 다만, 이중 간구 찬양에서 나를 또한 남을 위한 간구는 결과적으로 방향이 예배자이다. 즉, 케리그마 용이겠다. 그래서, 적용할 때는 오히려 케리그마적으로 적용할 수 있다. 둘째로, 믿는 자들에게 하나님의 말씀과 메시지를 전달하는 노래가 있다. 하

123

나님의 어떠하심 또는 하나님 말씀 및 격려와 훈계를 전달하는 노래이다. 예를 들어, 나의 노래인 'Again1907' 과 같은 찬양은 부흥을 위해 헌신할 것에 대한 메시지를 전달하는 찬양이다. 이러한 찬양은 방향이 하나님 편에서 믿는 자를 향한다. 그리고 목적은 메시지 전달 및 가르침에 있다. 이러한 찬양을 케리그마 찬양이라 한다. 셋째로, 서로를 격려하는 노래이다. 이는 서로를 하나님의 사랑으로 격려하고자 하는 목적으로 서로를 향하여 부르는 노래이다. '당신은 사랑받기 위해 태어난 사람' 과 같은 찬양이겠다. 이러한 찬양을 코이노니아 찬양이라 한다. 넓은 의미에서의 찬양은 바로 이러한 전체 방향을 포함한 개념이다. 그리고 좁은 의미에서의 찬양은 레이투르기아 찬양을 의미하겠다.

		구분		내용	예
레이투르기아찬양	높임찬양	2인칭직접		직접 높임	찬양합니다
		명령		높이자고 함	찬양하세, 찬양하라
		의지		높일 것을 의지적으로 표현	찬양하리라
	간구찬양	주를위한		결과적으로 주님을 향한 것	찬양케 하소서
		나를위한		결과적으로 나를 향한 것	나를 도우소서
		중보적		결과적으로 남을 향한 것	저들을 구원 하소서
	헌신찬양	주님께	직접		내 삶 드립니다
			간구	주님께 헌신하는 것	내 삶 드리게 하소서
			의지		내 삶 드리리라
		말씀앞에	직접	말씀대로 살겠다고	순종 합니다
			간구	결단하는 것	순종하게 하소서
			의지		순종 하리라
		선교에로	직접	전도 및 선교에	갑니다
			간구	헌신 하겠다는 것	보내소서
			의지		가리라

124

	구분	내용	예
케리그마찬양	직접 선포	하나님의 어떠함을 직접 선포	예수는 왕(이다)!
	명령적 선포	하나님의 어떠하심을 알 것에 대하여 명령	하나님이 우리의 피난처 임을 알지어다
	가르침	하나님의 어떠함을 설명하여 알림	하나님은 선한 목자이시라 예수님은 구원자이시네
	간증적 고백	나에게 이러한 분이심을 고백함으로 선포함	하나님의 사랑을 사모 하는자 하나님 한번도 나를
코이노니아찬양	환영 직접	환영하여 축복하는 찬양	환영 합니다
	환영 의지		사랑으로 맞이하리
	환영 명령		다함께 환영하자
	격려 직접	격려하고 축복함	사랑 합니다
	격려 직접		사랑 하리
	격려 명령		사랑 하자
	한몸 직접	한몸으로써 교회인 것을 축복함	너와 나는 하나네
	한몸 명령		하나 됨을 지키자
	한몸 의지		하나 되리

찬양의 세부적 방향

(2) 음악에서의 언어적 방향에 대한 담론

한편, 각각의 찬양들은 언어학적 상황에 따라 몇 가지로 다시 구분될 수 있다. 사실상, 이렇게 찬양은 음률 있는 언어이기에 복잡하고 다양한 상황이 존재한다. 또한, 찬양 한 곡에 이러한 상황들이 하나만이 아닌 여러 상황이 겹쳐 나오기도 한다. 그렇다면, 어떻게 노래를 사용해야 하며 어떠한 상황에 어떠한 노래를 배치해야 옳은가? 이에 대해서 본인의 경험에 근거한 몇 가지를 정리하여 설명하고자 한다.

첫째, 대표적인 방향을 그 노래의 방향으로 본다. 혼합되어 있다 하여도 후렴구 또는 중요방향이 어떤 쪽을 향하느냐를 파악하여 이를 그 노래의 방향으로 보는 것이다. 예를 들어 '약할 때 강함 되시네' 라는 곡은 예수님의 어떠하심을 계시하기도 하지만 '예수 어린양 존귀한 이름' 이라는 후렴구가 이 노래를 지배한다고 볼 수 있다. 그렇다면, 이 노래는 계시보다는 찬양적인 노래로 사용할 수 있는 것이겠다.

둘째, 어떠한 부분만을 사용한다. 즉, 어떤 노래의 후렴구만을 또는 어떤 노래의 엔딩부분 만을 사용한다든지하여 찬양과경배의 적용 부분의 방향을 구성할 수 있겠다. 예를 들어, '이 땅 위에 오신 하나님의 본체' 라는 곡은 예수님에 대해 계시적으로 사용될 수 있는 노래이다. 그러나 뒷부분은 '왕께 만세' 라는 가사로 후렴구를 채우고 있다. 즉, 이 후렴구만을 따서 레이투르기아 찬양, 즉 하나님을 높이는 방향의 노래로 사용할 수 있는 것이다. 특히, 찬양과경배는 메들리로 연결하는 경우가 많기에 심지어 이러한 부분만을 연결하여 어떠한 부분을 구성할 수 있는 것이다. 예를 들어, '약할 때 강함 되시네' 라는 곡 뒤에 '이 땅 위에 오신' 의 후렴구 '왕께 만세' 만을 따서 메들리로 연결하여 하나님을 높이는 구성을 할 수 있는 것이겠다.

셋째, 인도자의 의도가 중요하다. 인도자가 어떠한 노래를 어떠한 목적으로 사용하느냐에 따라 많은 경우 노래의 방향이 결정된다. 위에서 예를 든 것처럼, '이 땅 위에 오신'이라는 곡을 계시적으로 사용하고자 한다면 비록 후렴이 레이투르기아적 이라 하여도 이 곡은 케리그마로 사용되는 것이다. 인도자가 케리그마의 의도를 가지고 이 곡을 그렇게 이용하고 있기에 그러하다. 물론, 케리그마적 요소가 분명 이 노래에 존재하기에 가능한 것이다. 반대로, 인도자가 이 곡을 레이투르기아로 사용하고자 한다면 이 노래는 레이투르기아 노래가 된다. 의도가 분명하고 이곡에 레이투르기아적 요소가 분명 있기 때문이다. 물론, 레이투르기아적 요소가 전혀 없는데 레이투르기아로 사용하겠다고 하는 것은 상식을 벗어난 행동이며 온전한 적용이 아니겠다. 그러나 어느 정도의 요소들이 존재한다면 가능한 것이다. 예를 들어, '사랑하는 나의 아버지'라는 곡은 많은 경우에 레이투르기아 찬양으로 사용된다. 그러나 '전능하신 하나님 아버지' 되심을 계시로 적용하고자 케리그마적 찬양으로 사용하고자 한다면 이 노래는 케리그마 노래가 될 수 있는 것이다. 그러나 '찬양하세'라는 곡을 계시로 굳이 사용하겠다고 하는 것은 바람직하지 않겠다. 여기서, 한가지 그 공동체가 그 노래를 주로 무엇으로 사용하는지도 중요하다. 대부분의 예배자가 케리그마로 그 곡을 알고 있는데 굳이 레이투르기아로 사용하겠다고 하는 것은 인도자의 자세가 아니다. 이래서, 예배 공동체 문화연구를 찬양인도자의 필수라 하는 것이다.

한편, 케리그마와 코이노니아가 섞여 있거나, 레이투르기아와 코이노니아가 섞여 있는 노래 및 전체가 섞여 있는 노래도 있다. 이러한 곡도 인도자의 의도에 따라 곡의 성향이 결정될 수 있겠다. 예를 들어, '하나님은 너를 지키시는 자'라는 곡은 하나님의 어떠하심을 계시하는 찬양으로도 코이노니아 성향으로도 사용할 수 있겠다. 심지어, 후렴구의 '천지 지으신 여호와께로다'라는 구절을 들어 이는 하나님께 영광을 돌리는 것으로 보아서 레이투르기아 찬양으로까지 사용할 수도 있겠다.

넷째, 또한, 생각해 보아야 할 것이 바로 케리그마적 찬양 중에 계시의 방향이 예배 공동체를 향하는 것인지 아니면 세상을 향하는 것인지를 구별하는 것이다. 즉, 선포 찬양의 방향을 좀 더 세밀하게 구분하는 것이겠다. 선포 찬양은 단지 예배공동체만을 위해 존재하지 않는다. 온 세상에 선포되는 경우도 있는 것이겠다. 그래서, 찬양인도자는 특별이 이를 구별하여 적용함이 옳다고 본다.

한 가지 더, 물론, 방향을 결정하고 찬양을 한다하여도 다른 방향들이 공존하기 마련이다. 예를 들어, 신실하신 주님을 선포하는 찬양을 한다하여도 신실하신 주님이 계시되는 것에 집중하지만 자연스레 신실하신 주님을 높이는 방향이 공존하게 되어 있다. 사실상, 방향을 완전히 구분한다는 것은 이론적이지 실제는 이렇게 공존한다. 그러하기에 주요 방향이라는 것을 생각해야한다. 지금 하고자 하는 주요방향이 무엇인지를 결정하고 설사, 여러 방향이 공존한다하여도 그 방향에 집중하는 것이다. 여기서, 우리는 주요방향과 비주요 방향이라는 용어를 만들어 낼 수 있고, 주요방향에 집중해야한다는 이론을 정립할 수 있겠다. 앞서 언급한 것처럼, 많은 경우 계시 상황에 응답 상황이 동반적으로 일어나기 마련이다. 그러하기에, 지금 찬양과경배의 구조에서 수평적 진행 중 어디에 해당하는지 그래서 전체 예배공동체를 어떠한 주요 방향으로 인도할지를 결정하면서 진행해야 하는 것이다. 비주요 방향도 품고 가지만 주요방향에 집중해야하는 것이 올바른 것이다.

또한, 어법도 고려해야 한다. '찬양의 세부적 방향' 표에서 정리한 것처럼 인칭과 어법이 존재한다. 따로 여기서 설명하지는 않지만, 인칭사용에 있어서 3인칭이나 1인칭의 온전치 못한 사용으로 혼선을 빚는 경우도 있다. 명령법이나 구어적 표현 등이 존재하여 어려움을 줄 수도 있다. 이러한 다양한 노래들의 언어적 상황을 잘 파악하여 케리그마로 또는 레이투르기아로 또는 코이노니아로 사용할 수 있는 것이 인도자의 의무이며 실력인 것이다. 다양한 노래들을 묵상하고 공부하여 어떤 상황에 어떤 노래를 잘 적용해 볼 것인지를 연구하는 것은 찬양인도자 평생의 과제인 것이다.

(3) 감사의 국면

자 이제 다시 계시와 응답의 적용으로 돌아와, 각각의 국면에서의 계시와 응답의 적용을 하나씩 살펴보자.

첫째, 감사는 예배의 입례적 역할이다. 시편 100편 4절 말씀의 '감사함으로 그 문에 들어가' 라는 말씀에 근거하여 감사라는 것은 예배의 입례적 역할을 하는 부분임을 알 수 있다. 입례의 역할이라고 할 때에는 전통적으로 두 가지 역할을 한다고 본다. 그것은 모임의 역할과 나아감의 역할이다.

모임의 국면은 하나님의 예배적 임재의 약속과 이에 응답하여 공동체로 모이는 것이다. 또한, 하나님을 떠나 임재경험이 불가능한 죄인이었던 백성들에게 예수 그리스도께서 오시어 십자가를 지시고 또한 부활하시어 죽음을 이기심으로, 그를 믿는 자들은 하나님의 자녀가 되어 그분과 다시 만날 수 있게 되었다는 십자가와 부활 및 구원의 약속에 근거하여 이루어지는 것이다. 그러므로, 예수 그리스도의 공로에 근거한 성삼위 하나님의 예배적 임재에 대한 응답으로 모이는 것이라 정리할 수 있겠다. 이를 계시와 응답으로 자세히 설명하면 다음과 같다.

찬양이 하늘에 닿다

계시	예배적 임재의 약속	열납	모임을 기뻐하시는 하나님 아버지의 마음
반응	약속을 감사하고 기뻐하는 마음의 태도	응답	약속을 믿고 모여드는 행동

모임의 국면에 대한 계시와 응답의 적용

나아감의 국면은 하나님의 부르심에 근거하여 하나님의 존전 앞에 나아가는 것이다. 임재하여 계신 그 분과 이제 만나고 사귐을 갖고자 나아가는 것이다. 우리의 나아감은 하나님께서 부르실 때 가능한 것이다. 부른다는 것은 앞선 개인의 예배에서 살펴보았지만 전능하신 그분께서 사랑이시기에 가능한 것이며 우리와 진정한 실존적이며 인격적 관계인 주관 대 주관의 관계 즉, 사귐을 갖으시려는 그분의 고귀한 뜻을 나타내는 것이다. 이제 그러한 부르심과 나아감을 계시와 응답으로 풀어 정립해 보면, 다음과 같겠다.

계시	하나님의 부르심	열납	나아옴을 기뻐하시고 만나주시는 하나님 아버지의 팔 벌리심
반응	불러주심을 감사하고 기뻐하는 마음의 태도	응답	부르심을 따라 주님을 뵈러 주님과 사귐을 가지러 나아가는 행동

나아감의 국면에 대한 계시와 반응의 적용

감사라고 하는 개념은 바로 이러한 것을 포함하는 개념인 것이다. 그러므로 찬양과경배에서 감사함으로 나아가자라는 뜻은 하나님의

131

임재 및 부활 및 구원에 근거하여 모여들고 그의 부르심에 나아감으로 응답하자라는 것이다. 어찌 보면, 보잘 것 없는 피조물인 우리를 만나 주시고 사귐을 갖는 것이기에 감사하지 않을 수 없는 것이다. 그래서, 감사함으로 입례하자라고 하는 것이며 더 나아가 입례를 아예 감사라고 하는 것이겠다.

(4) 찬양의 국면

가. 계시와 응답의 적용

여기서의 찬양의 개념은 전체 예배형식의 개념이 아닌 하나의 순서로써의 찬양인 것을 알 수 있을 것이다. 그런데, 이제 이를 계시와 응답으로 다시 정립하여 살펴보자.

계시	하나님 되심(성품, 속성, 능력) 하나님의 행하심에 대한 계시로써 선포 찬양	열납	예배자의 높임을 흠향하심
반응	그러한 선포들을 믿음으로 받아들이며 전인적으로 경험함	응답	계시로 선포된 내용들에 대해 믿음으로 받아들인 후 그러한 하나님을 높여드리는 행위로서 높임 찬양.

찬양의 국면에 대한 계시와 응답의 적용

실제적 찬양 현장의 적용에서는 계시와 응답이 반드시 이러한 순서적으로만 일어나지는 않겠다. 그러나, 논리적으로 정립하면 이와 같게 된다. 설사, 응답적으로 하나님을 높이는 찬양이 먼저 나오고 하나님의 어떠하심을 선포하는 찬양이 뒤이어 나오더라도 논리적으로는 이를 다음과 같이 정립해야 할 것이다.

드러난 순서		높임의 찬양	선포적 찬양
숨겨진 순서	**선포적 찬양** 생략 및 축소 또는 다른 언어나 행동 및 상징을 통해 은연중 선포됨		**높임의 찬양** 생략 및 축소 또는 다른 언어나 행동 및 상징을 통해 은연중 응답

응답이 먼저 나온 경우에 대한 예배학적 해답

나. 찬양의 내용

하나님이 하신일	하나님의 길	하나님의 성품, 하나님 자신		
		인격	본질	성품
고치시고 강하게 하시고 회복하시고	하나님은 겸손한자와 함께 하시고 교만한 자를 대적하신다	우리가 이미 닮은 성품	우리가 절대로 닮을 수 없는 성품	우리가 앞으로 닮아가야 할 성품
홍해를 건너게 하심	벧전 5:5 겸손, 교만	지·정·의	전지 전능 무소부재 영원	거룩 사랑 신실 정직

홍성건의 하나님을 아는 세 가지 영역 (또는 찬양의 내용)

133

선포의 내용에 있어서는 앞서 찬양의 방향에서 정리하였지만 모든 기독론적인 성경적인 내용 전부가 찬양의 내용이 될 수 있을 것이다. 예를 들어, 홍성건은 하나님을 아는 세 가지 영역에 대해서 표로 정리하였는데, 바로 그러한 모든 내용이 찬양의 내용이 될 수 있을 것이다.

다. 찬양의 경험

한편, 하나님의 계시는 단순히 지적인 깨달음뿐 아니라, 영적만남이 일어나는 것이다. 앞선 장에서 살펴 본 것처럼 계시는 전인적 임재경험으로까지 이르러야 올바른 것이기 때문이다. 감정적으로 내적치유가 일어나고 육적으로도 치유가 일어나는 전인적인 계시인 것이다. 그래서 계시경험이라 할 때는 전인적인 것이 된다. 이를 정리하면 다음과 같이 정립할 수 있겠다.

계 시					영적 측면	혼적 측면	육적 측면
지적측면							
비전	속성	능력	성품	인도하심			
하나님의 백성을 향한 비전	거룩, 위엄 광대하심, 무소부재 등등	창조하심 죽음을 이기심, 원수를 물리치심 등등	사랑 은혜 신실 자비 등등	세심한 삶의 인도	영적전쟁	내적치유	치유

계시의 전인성

모든 내용들이 전인적으로 계시된다는 것과 다양한 상황으로 경험 되어진다는 것에 대한 이해를 가지게 되면 찬양중 하나님과의 만남 이 얼마나 놀라운 일인지 알게 된다. 그 깊이와 길이와 넓이에 있어 서 끝도 없는 영원한 찬양중 만남이겠다.

(5) 경배의 국면

가. 계시와 응답의 적용

경배의 국면은 본질의 의미가 아닌 찬양다음의 단계로써 주제적 계 시와 이에 대한 응답이 일어나는 국면이겠다. 특히, 모든 내용들 중 바로 오늘 이 시간 이 곳에 필요한 말씀이 하나님의 계획아래 선별 되어 계시되는 것이겠다. 이 얼마나 소중한 계시의 경험이겠는가? 나 한사람, 우리 한 공동체만을 위한 바로 이 시간 이 곳에서 주어지는

계시	하나님 되심(성품, 속성, 능력) 하나님의 행하심에 대한 계시 중 오늘 이 시간 이 장소에 주어지는 주제적 계시	열납	예배자의 높임을 흠향하심
반응	그러한 주제적 계시를 믿음으로 받아들이며 전인적으로 경험함.	응답	주제적 계시를 경험한 후 말씀하신 주님을 다시금 높여드리는 행위로서 경배적 높임 찬양.

경배의 국면에 대한 계시와 응답의 적용

135

말씀, 이러한 놀라운 말씀을 경험한다는 것이! 당연히 다시금 맘을 다해 말씀하신 주님을 높이게 될 것이다. 바로 이것이 경배적 높임 찬양이다. 찬양중 높임 찬양과 함께 둘 다 응답의 행위로써 높임 찬양이다. 다시말해, 레이투르기아 찬양을 사용하는 높임 찬양이다. 그러나, 이 둘이 다른 것은 경배적 높임 찬양이 그 언어적 방향이나 내용에 있어서 다른 것이 아니라 그 목적에 있어서 주제적 계시에 대한 응답이라는 것에서 다른 것이다.

나. 경배의 내용과 경험

경배의 내용은 찬양의 내용과 같다하겠다. 다만, 그 내용 중 하나의 주제적 계시가 정해져 계시된다는 것과 이를 경험한다는 것이 다르겠다. 그리고, 주제적 계시이기에 임재경험의 크라이막스에 해당된다 하겠다. 그래서, 전인적인 만지심이 강하게 일어날 수 있겠다. 물론, 찬양이나 감사의 국면에서 안 일어난다는 이야기가 아니다. 크라이막스에 해당하는 강함이 있을 것이라는 이야기다.

경배에 있어서 주제적 계시에 대한 높임찬양은 세 가지 상황으로 일어날 수 있겠다. 주제적 계시에 대해 그 말씀이 깨달아지고 그 말씀 앞에 영혼이 감동되는 반응을 가진 후, 뒤이어 다음 표의 세가지 상황으로 응답을 이어갈 수 있다.

친밀(Intimacy)	감탄적 송축(Admiration) 경외적 숭모(Adoration)	헌신 (Faithful Devotion)
말씀하신 하나님 그분과 사귐을 갖고 그분을 닮아감	하나님을 경험하여 그분의 위엄과 영광으로 신적 감탄적 찬양 또는 경외함과 존경심을 표현함	하나님을 경험함으로 그분께 삶을 드리고 그분께 예속됨을 기꺼이 기뻐하고 그분과 그분의 말씀 앞에 순종하게 됨

경배에 있어서 높임 찬양의 상황

한편, 찬양의 국면에서의 높임찬양의 경우에도 똑같이 적용될 수 있을 것이다. 그러나, 찬양의 국면이 보다 일반적인 선포와 높임(EXALTATION)에 치중하는 반면, 경배의 국면에서는 임재경험의 절정답게 주제적 계시가 선포되고 경험되는 것과 이에 대한 응답이 보다 개인적으로 강하게 일어난다고 말할 수 있겠다. 그러므로, 찬양의 국면에서의 높임 찬양은 지금까지 역사하신 하나님 또는 하나님의 행하심을 바라보며 기뻐하고 즐거워하는 상황이 주류를 형성한다. 반면, 경배의 국면에서는 주제적 계시에 대해 신중이 반응하고 응답하기에 좀 더 감탄하여 송축(ADMIRATION)하거나 경외함으로 엎드리는 높임(ADORATION)의 상황이나 그 말씀 앞에 순종과 헌신(DEVOTION)을 결단하는 비장함을 나타내는 상황이나 말씀하신 그분과의 깊은 사귐(INTIMACY)의 상황을 더욱 드러내게 되어 있다. 중요한 것은 매 예배 때마다 시간관계로 이 모든 상황이 이루어지도록 할 수 없을지 모르지만 이러한 세가지 상황이 있음을 기억하여 예배자

137

들로 모든 국면에서 이 세가지 상황을 최대한 경험할 수 있도록 특히, 경배의 국면에서 더욱 그러할 수 있도록 하는 것이겠다. 물론, 경배에서 더욱 그러할 수 있도록 하는 이유는 찬양의 국면에서 임재경험을 할 수 없어서가 아니라 경배가 예배의 클라이막스에 해당하는 것이기에 운영의 묘를 살리는 효율을 위해 그렇게 하는 것임을 잊지 말아야할 것이다.

주제적 계시에 대해 다시 한 번 고찰해 보면, 주제적 계시라 할 때 예배 순서에 있는 설교 말씀을 떠 올릴 수 있을 것이다. 개신교는 말씀과 성만찬의 균형 및 성만찬 중심이라기보다는 말씀 즉, 설교중심의 예배를 드리기에 그러하다. 설교의 주제가 바로 그날에 주제적 계시가 된다. 그러나 앞서 공동체 예배를 공부할 때 설명한 것처럼, 찬양과경배만으로 이루어지는 예배일 경우는 설교가 없기에 바로 경배의 주제적 계시가 그날의 주제적 계시의 역할을 하게 되는 것이다. 또한, 찬양과경배와 말씀으로 이루어진 찬양예배인 경우는 찬양과경배 중 경배에서의 주제적 계시와 설교말씀의 주제적 계시가 협력하게 된다. 그러나 설교말씀이 우위에 있다. 물론 은사적 경향이 강한 찬양과경배 및 찬양예배는 찬양과경배의 주제적 계시가 오히려 설교말씀의 우위에 있는 경우도 있다하였다. 이는 성령의 역사하심에 열려 있는 경향성 때문이다. 그러나 일반적인 찬양예배의 경우는 설교가 우위에 있다. 기존 전통적인 개신교 예배에 찬양과경배가 첨가된 경우는 설교가 우위에 있다는 사실은 말할 필요도 없다 하겠다.

(6) 코이노니아 순서와 조명의 순서

가. 코이노니아

코이노니아 찬양도 찬양과경배의 구성 안에 분명 존재한다. 혹자들은 서로 교제하는 노래는 찬양이 아닌 것으로 보나, 앞선 공부에서 살펴보았듯이 찬양은 방향이 존재하는 것이다. 예배 공동체 서로를 향하는 방향도 찬양의 방향 중 하나이다. 이에 근거하여 공동체 예배 및 찬양과경배 중에도 코이노니아 찬양이 분명 자신의 위치를 갖게 되는 것이다.

코이노니아 찬양은 세 부분에 주로 사용된다. 그것은 모임의 국면과 찬양국면 경배국면 사이 그리고 파송 국면에서 이다.

첫째, 모임의 국면에 사용되는 경우는 임재라는 계시에 대해 모임으로 응답하면서 그 일환으로 서로를 환영하는 차원에서 사용될 수 있겠다. 임재약속 가운데 예배 공동체로 모이는 서로를 향해 기뻐하고 격려하고 환영하는 것에 사용되는 것이다.

둘째, 찬양 국면 다음에 경배 국면으로 넘어가기 전에 사용 될 수 있다. 이는 주제적 계시가 있기 전에 주제적 계시를 위한 격려와 축복의 차원으로 사용되는 것이겠다. 일반적 계시와 응답의 찬양을 드린 후 이제 오늘의 주제적 계시를 경험하기에 앞서 일단, 각각 개인이 주제적 계시를 경험하는 것이기에 하나님과의 만남을 이룰 서로

139

를 향해 격려하고 독려하고 축복하는 것이겠다. 또한, 한편으로는 우리가 공동체로써 주제적 계시를 경험하는 것이기에 서로 격려하고 축복함으로 하나되어야 한다. 하나 됨의 재확인 및 재결심인 샘인 것이다. 하나 됨이 깨져 있다면 공동체를 향한 주제적 계시가 온전할리 없다. 이는 거룩하신 하나님의 성품에 근거하기 때문이다.

셋째, 파송 국면에 사용되는 경우는 이제 서로 흩어지기에 서로를 격려하고 독려하고 축복하는 것에 사용되는 것이다. 또한, 비록 흩어지긴 하나 우리는 떨어져 있어도 한 몸임을 재확인하고 하나 됨을 다지는 차원에서 사용되는 것이다.

나. 조명의 순서

전통적으로 조명의 순서는 다음의 순서를 위해 다음의 그 순서에 주목하도록 마음을 준비시키거나 복선을 까는 역할을 하는 것을 말한다. 특히, 설교 앞에 설교전 기도는 바로 말씀에로의 조명을 위한 기도인 것이겠다. 이처럼, 멘트, 기도, 찬양 등의 요소는 다음의 순서 특히, 말씀을 위한 및 계시를 위한 조명의 역할로 쓰이기도 한다. 준비찬양이라는 개념은 바로 여기서도 유래된 것으로 볼 수 있겠다.

어찌되었든, 이러한 조명의 역할에 근거하여 찬양과경배에도 조명적인 역할을 둘 수 있겠다. 보통의 경우는 주제적 계시에 해당하는 경배의 국면 앞에 있을 수 있겠지만 일반적 계시인 찬양의 국면 앞에도 또는 감사의 국면 앞에도 조명은 존재할 수 있다. 물론, 전체 찬양 예배에서 말씀 순서를 위해 찬양과경배가 다 끝나고 나서 말씀을 위해 기도하는 순서를 넣으므로 조명의 역할을 둘 수 있겠다. 이에 대한 구체적 예들은 차후에 실제를 다루면서 보게 될 것이다.

다만, 조명의 순서라 할 때 임재가 없는 것으로 보면 안 된다. 즉, '감사와 찬양이 경배의 조명의 역할이다. 그러므로, 경배에만 임재가 있다' 는 이론이 말이 된다라고 하면 안 된다. 조명의 역할은 말그대로 조명의 역할을 하는 것이지 임재가 없는 것이 아니다. 그 역할에 있어서 조명을 위해 존재하는 것이다. 감사는 감사의 역할이 있고 찬양은 찬양의 역할이 있다. 조명은 조명의 역할이 있는 것이다. 차후의 예들을 살펴보면 알게될 것이다. 조명의 역할을 사용함에 있어서 감사 및 찬양 그 고유의 역할과 함께 중복적으로 조명의 역할을 할 수도 있다. 이는 임재가 없는 역할 또는 차별적인 역할로 여겨지는 것을 방지하기위함도 될것이다. 임재의 유무를 조심하면서 조명의 역할을 사용하기 바란다.

4. 찬양예배 및 찬양과경배 첨가형 예배의 계시와 응답을 적용한 4중 구조

이제 이상을 근거하여 찬양과경배를 넘어 찬양예배 및 찬양과경배 첨가형 예배에 계시와 응답을 적용하여 정리하여 보자. 감사와 찬양과경배의 모든 구조가 정당히 자리 잡고 있으면 찬양예배이다. 특히, 이러한 예배는 찬양과경배 후 다른 입례적 순서 없이 말씀의 국면으로 넘어간다. 그러나 감사나 또는 감사와 찬양정도만 부분적으로 첨가되었다면 이는 기존 예배에 찬양과경배의 특징적인 부분을 첨가하여 발전시킨 기존의 예배인 것이다. 이러한 예배는 찬양과경배 첨가형 예배라고 할 수 있겠다. 다양한 형태의 첨가형 예배를 기획할 수 있을 것이다. 여기는 대표적인 것만 소개한다. 계시와 응답까지를 적용하여 정립하였다. 무엇보다도 수직적 수평적 계시와 응답이라는 것을 기억하면서 하나님과 예배공동체가 사귐을 온전히 가질 수 있도록 구조적으로 신학적으로 정립하는 것이 목표이기에 이를 잘 이해하고 숙지하기 바란다.

찬양과 경배의 국면								말씀의 국면		감사의 국면		파송의 국면	
감사		나아감		찬양		경배		계시	응답	일반적 기독론적 계시	일반적 응답	파송	흩어짐
모임		나아감											
임재	모임	부름	나아감	기독론적 계시	찬양	주제적 계시	경배	계시	응답	일반적 기독론적 계시	일반적 응답	파송	흩어짐
↓	↑	↓	↑	↓	↑	↓	↑	↓	↑	↓	↑	↓	↑

찬양예배의 4중 구조

표 1: 성만찬이 있는 찬양예배의 4중 구조

찬양과 경배의 국면								말씀의 국면		성만찬의 국면		파송의 국면	
감사				찬양		경배		계시	응답	재현	응답	파송	흩어짐
모임		나아감											
임재	모임	부름	나아감	기독론적 계시	찬양	주제적 계시	경배						
↓	↑	↓	↑	↓	↑	↓	↑	↓	↑	↓	↑	↓	↑

성만찬이 있는 찬양예배의 4중 구조

표 2: 감사 국면만 첨가된 찬양과경배 첨가형 예배의 4중 구조

첨가				입례의 국면	말씀의 국면		감사의 국면		파송의 국면	
감사				기원 신앙고백 대표기도 등의 입례 순서들	계시	응답	일반적 기독론적 계시	일반적 응답	파송	흩어짐
모임		나아감								
임재	모임	부름	나아감							
↓	↑	↓	↑		↓	↑	↓	↑	↓	↑

감사 국면만 첨가된 찬양과경배 첨가형 예배의 4중 구조

표 3: 감사와 찬양국면만 첨가된 찬양과경배 첨가형 예배의 4중 구조

입례의 국면						말씀의 국면		감사의 국면		파송의 국면	
입례의 순서들				첨가		계시	응답	일반적 기독론적 계시	일반적 응답	파송	흩어짐
감사											
모임		나아감									
임재	모임	부름	나아감	기독론적 계시	찬양						
↓	↑	↓	↑	↓	↑	↓	↑	↓	↑	↓	↑

감사와 찬양국면만 첨가된 찬양과경배 첨가형 예배의 4중 구조

찬양예배 세부적 설명표

국면	찬양과경배의 국면					말씀의 국면		감사의 국면		파송의 국면	
수평적 흐름 구조	감사		찬양	경배		제시	응답	일반 기독론적 제시	응답	파송	풀어짐
	모임	나아감		주제적 제시	경배						
흐름 구조 내용	이제의 모임	부르심의 나아감	기독론적 일반계시	주제적 제시	경배적 찬양 응답	설교 주제적 제시	말씀 순종 응답	성만찬적 일반 제시	일반 헌신 응답	파송 제시	흩어짐 응답
제시 와 응답의 국면 과 방향	모임의 응답 국면	부르심에 나아감의 응답 국면	높임 찬양 제시 국면	주제적 제시 국면	경배적 찬양 응답 국면	설교 주제적 제시 국면	말씀 순종 응답 국면	일반 헌신 응답 국면	일반 현신 응답 국면	파송 제시 국면	흩어짐 응답 국면
	제시 → 반응	제시 → 반응	응답 ← 응답	제시 → 반응	응답 ← 응답	제시 → 반응	응답 ← 응답	제시 → 반응	응답 ← 응답	제시 → 반응	응답 ← 응답
제시 와 응답 내용	이제 하나님 앞으로 경배함을 기대 하고 믿음	부름에 기뻐 하고 감사함	선포적 제시에 경험 되고 감동됨	오늘의 주제에 깨달으며 맏진바 됨	그 주제를 말씀하신 그 분께 더 가까이 나아가 높여드리며 산을 드림	주제적 설교를 깨달음으로 받음	말씀에 순종 함으로 결단	믿음으로 받음	성정적으로 산을 드림	보내심을 받음	세상으로 나아감

144

찬양이 하늘에 닿다

* ↓ : 하나님께서 주격이 되시고 회중이 호격이 되어 하나님께서 말거시고 회중이 들음으로 반응하는 계시의 국면.

* ↑ : 회중이 주격이 되고 하나님께서 호격이 되시어 회중이 말 걸고 하나님께서 들으심으로 반응하는 응답의 국면

145

찬양과경배를
기획하여 보자!

찬양과경배의 기획을 위한 Check up list를 여기서 살펴
보고자 한다. 본인이 제시하고 있는 list는 예배학적 부분 그
리고 찬양과경배의 역사적 특징 그리고 본인의 경험 등을
고려하여 완벽한 list가 될 수 있도록 심사숙고 하였다. 아무
쪼록 자신의 것으로 소화할 수 있기를 바란다.

1. CHECK UP LIST

찬양과경배를 신학적으로 바르면서도 실제적일 수 있도록 기획하기 위해서는 음악적인 면과 예배학적인 많은 부분을 고려하여 기획하여야 할 것이다. 이를 하나하나 살펴보자.

(1) 구조 정립을 위한 list

가. 주제의 영향 정도

제일 먼저는 주제를 정해야 한다. 그리고, 주제를 찬양과경배에서 어느 정도로 강조하여 계시할 것인가를 결정해야한다. 찬양예배의 경우는 설교와 함께 주제적 계시의 역할을 한다하였다. 그러므로, 설교와 어떻게 연합적 역할을 할지를 결정해야 하는 것이다. 이는 설교자와 함께 미리 나누며 기획을 할 수 있겠다. 은사적으로 강할수록 각자의 음성 들음에 맡기는 경향을 띤다. 그러나, 보통의 경우는 설교자와 미리 나누어 정하게 되어 있다.

여기서는 두 가지를 결정해야 한다.

첫째, 설교의 주제적 계시와 어느 정도의 관계인가?

구 분	설 명
의존적으로 여지를 남김	경배의 주제적 계시가 계시되고 선포되지만 설교의 주제적 계시를 위해 충분한 여지를 남겨둔다. 협력하는 차원이고 심지어 암시적 역할을 할 수도 있다.
독립적으로 충분히	경배의 주제적 계시가 충분히 제 역할을 한다. 오히려, 설교의 주제적 계시가 영향을 받을 수도 있다.

149

둘째, 경배의 주제적 계시와 다른 찬양과경배의 순서들은 어느 정도의 관계인가?

구 분	설 명
의존적으로 여지를 남김	감사와 찬양 국면에서는 일반적으로만 이루어져서 경배에서의 주제적 계시를 위한 여지를 충분히 남겨둔다.
독립적으로 충분히	감사와 찬양 국면이 경배의 주제적 계시를 나름대로 충분히 선포한다. 모든 국면에 주제적 계시가 흐른다.

나. 순서의 강조 정도

그렇게 하였다면, 이제 감사와 찬양과경배를 어느 정도의 균형을 가지고 전체를 구성할지를 고려해야 한다. 즉, 수평적 계시와 응답의 각각의 순서들이 어느 정도 사용되는가를 정하는 것이다. 찬양예배에서 찬양과경배의 시간이 어느 정도 주어졌는지를 고려하여 감사와 찬양과경배를 구성해야 한다. 보통은 30 대 30 대 30으로 구성하면 되겠다. 그러나, 상황과 환경에 의해 어떠한 순서는 강조되고 또 어떠한 순서는 생략되기도 하겠다. 보통의 경우는 경배의 주제적 계시가 강조될 것이다. 물론, 꼭 그렇지만은 않다. 다양한 상황으로 인해 다른 순서들이 강조될 수 있다. 그러나, 모든 순서를 강조할 수는 없을 것이다. 이는 시간의 제약이 있기 때문이다. 그러므로, 반드시 어느 순서는 강조되고, 어느 순서는 보통으로, 어느 순서는 생략되는

경향을 가지게 된다. 이를 잘 정하여 진행시켜 나아가는 것을 하여야
만 한다.

구 분	설 명
강조함	정해진 것을 넘어서 그 순서를 강조하고자 함
보통	정해진 정도로 그 순서를 행함
넘어가거나 생략함	정해진 것을 어느 정도 또는 아주 무시하며 지나감

(2) 음악적 체험을 위한 list

가. 음악의 강도

음악의 강도는 순서에 강조점을 어느 정도 두느냐 그리고 임재경험
의 감정을 얼마나 강하게 느끼도록 할 것인가에 따라 적용되겠다. 엔
디 팍은 단순히 스피드로만 이야기했지만, 본인은 음악의 강도를 힘
(Power)과 속도(Speed)로 구분하여 적용하고자 한다.[46]

POWER / SPEED	HIGH	REGULAR	LOW
HIGH	CHEERFUL		
REGULAR		JOYFUL	
LOW	ADMIRATION		ADORATION

왜냐하면, 예를 들어, 스피드는 낮지만 강도가 강한 노래의 경우가

---

46) Park, Andy. / 김동규 역(2005). 하나님을 갈망하는 예배인도자 (Intervasity Press, 2002). Ivp. 를
참조하라.

155

있기 때문이다. '비전', '십자가의 길 순교자의 삶' 과 같은 노래들이 그러한 예이겠다. 그러므로, 음악의 강도는 단순히 스피드만이 아닌 스피드와 파워를 동시에 고려해야 한다. 이를 구체적으로 정리하면 다음과 같다.

국면	스피드	파워	적용 예
감사 국면 및 찬양 국면	빠름 (1곡 내지 그이상)	높음	박수 및 함성으로 시작하는 경우, '주님은 아시네'
		낮다 높음	'주 발앞에 나 엎드려' 파워를 낮게 부르다 높임
	보통 (1곡 내지 그이상)	보통	함께 찬양합시다 정도로 시작하는 경우, '주의 이름 높이며'
	느림 (1곡 내지 그이상)	높음	박수 및 함성으로 시작하는 경우 그러나, 스피드는 느리다. '찬양을 드리며'
		낮음	주님의 은혜의 보좌 앞에 나아가 도록 독려하는 경우, '목마른 사슴 시냇물을 찾아'
		낮다 높음	'찬양의 제사 드리며'를 낮게 부르다 점점 높아지고 이어서 '모든 이름위에 뛰어난 이름으로'
	빠르다 점점 느림	높다 낮음	박수 및 함성으로 시작하였다가 스피드가 느린 노래로 연결하여 국면이 계속 되는 경우 '나를 향한 주의 사랑' 이어서 '나를 지으신 주님'
		계속 높음	박수 및 함성으로 시작하였다가 스피드는 느려지지만 파워는 높게 유지되는 경우, '찬양하세' 이어서 '나는 찬양하리라 주님'

152

국면	스피드	파워	적용 예
감사 국면 및 찬양 국면	느리다 점점 빠름	낮다 높음	느리게 부르다 빨라짐 '찬양하세' 후렴을 느리게 부르다 다시 빠르게 부름
		계속 높음	힘있게 계속적으로 부름 '모든 이름 위에' 이어서 '주이름 큰 능력 있도다'
	느리다 빠르다 느림	낮다 높다 낮음	'찬양하세'를 느리게 부르다 빠르게 다시 부름 이어서 '예수나의 첫사랑 되시네'를 부름 그러다가 후렴을 느리게 다시 부름 악기 없이 힘을 빼고 부름

국면	스피드	파워	적용 예
경배 국면	빠름 (1곡 내지 그 이상)	높음	살아계신 주
	보통 (1곡 내지 그 이상)	높음 낮음	나를 향한 주의 사랑
	느림 (1곡 내지 그 이상)	높음	'주 여호와는 광대하시도다' 이나 '내 구주 예수님'
		낮음	'왕이신 나의 하나님' 이나 주님계신 곳에 나가리
		낮다 높음	'들어오라 지성소로 오라' 낮게 부르다 점점 파워가 높아짐
	빠르다 점점 느림	계속 높음	살아계신 주를 부르다 후렴을 느리게 부름

153

국면	스피드	파워	적용 예
경배 국면	느리다 점점 빠름	낮다 높음	느리고 낮게 시작하다가 높아짐 '하나님은 우리의 피난처가 되시며' 이어서 '영광 영광 할렐루야'
		계속 높음	'비전'을 이어서 '모든 민족과 방언을 가운데'
	느리다 빠르다 느림	낮다 높다 낮음	느리고 낮게 시작하다가 높아짐 '하나님은 우리의 피난처가 되시며' 이어서 '영광 영광 할렐루야' 부름 이어서 다시 파워를 낮추어서 '영광 영광 할렐루야'를 다시부름

이러한 각각의 국면에서의 음악 강도 적용들이 모여서 전체적인 음악적 흐름을 구성하는 것이겠다. 이상을 정리하면서 이것 이외의 경우도 분명 있을 것이다. 찬양인도자들이 창조적 노력으로 다른 경우를 찾아서 활용할 것을 격려하는 바이다.

나. 임재경험의 감정적 체험

임재경험은 감정이 그 척도가 된다. 임재경험은 깨닫는 것을 넘어 감동되어지는 것이기 때문이다. 특히, 찬양과경배는 이러한 감정적인 부분을 활발히 사용하여야만 한다. 감정이 빠진 찬양과경배는 정말로 오아시스 없는 사막이다. 감정적이다라는 것과 감정주의는 다르다. 감정적이다라는 것은 감정을 사용한다라는 것이다. 그러나, 감정주의는 감정에 지배를 당한다는 것이다. 예를 들어, '내가 기분이 안 좋아

154

서 예배를 드릴 수 없다.' 라고 한다면, '난 다혈질이라 차분히 찬양할 수 없다.' 라고 한다면 이는 감정의 지배를 받고 있다는 반증이다. 이것은 감정주의이다. 그러나, 내가 상황이 어렵더라도 주님을 믿기에 난 기쁨으로 찬양을 하겠다라고 한다면 이는 감정을 다스려 사용하는 감정적인 것이 된다. 이것은 올바른 것이다. 토저의 이야기처럼 예배는 감정적인 것이다.[47] 더 나아가, 찬양과경배도 감정적이다. 또한, 임재경험도 감정적이다. 바로 이러한 것에 기반을 두어 감정이 임재경험의 척도가 된다고 이야기하고 있는 것이다.

감정적 체험 정도는 감정의 종류와 강도로 나누어 척도 할 수 있겠다. 감정의 종류는 표와 같이 나눌 수 있겠다. 어떠한 상황에 어떠한 감정이 발하도록 할 것인지를 잘 고려하여 기획하여야 할 것이다. 이는 사실 예배공동체의 훈련이 필요하다. 특히, 한국의 경우는 감정 사용에 무뎌왔다. 그래서, 기뻐할 때 기뻐하고 슬퍼할 때 슬퍼하고 감사할 때 감사하는 올바른 감정적 적용을 위해 사실상 훈련이 필요하다. 인도자는 예배 공동체가 감정을 제대로 따라오지 못할시, 인내를 가지고 이를 잘 가르쳐 온전한 감정을 사용하여 체험할 수 있도록 해야 할 것이다.

강도 종류	POSITIVE	NEGATIVE
고	기쁨, 즐거움,	분노, 간절
보통	감사	
저	평안, 위로, 격려, 치유	슬픔, 후회

---

47) A W 토저, 이용복 역(2006), 이것이 예배이다. 규장 을 참조하라.

155

다. 음악적 연장

음악적 연장은 온전한 체험을 강조하는 찬양과경배의 은사적 비예전적 특징이다. 예전적 예배는 정해진 순서를 정확히 지키는 것이 영성이다. 그것이 중요한 것이다. 그러나 비예전의 예배는 정해진 순서를 정확히 지키는 것이 중요하지 않다. 오히려, 예배 공동체의 적용을 위해 순서를 넘어설 수 있다. 사귐이 실질적으로 일어나는 것이 중요하기 때문이다. 그래서, 마치 '기도는 응답받을 때까지 찬양은 흠향하실 때까지' 라는 모토를 가지고 있는 것처럼 말이다. 이러한 음악적 연장은 다양한 단어로 불리 우는데, 이러한 단어들을 통해서 음악적 연장의 예배학적 의미를 정리해 보자.

첫째, ACCESSED

음악적 연장을 ACCESSED라고 표현하여 부른다. 이는 정해진 시간을 넘어 확장되었다는 것을 의미하기 때문이다. 찬양과경배는 정해진 순서를 넘어 언제든지 확장 될 수 있다. 음악이나 노래가 반복적이거나 즉흥적으로 계속되어질 수 있다. 그러나, 찬양예배로 모일 때에는 개신교 전통을 인정할 필요가 있다. 무분별하게 정해진 시간을 넘어서는 것은 공동체 예배의 질서에 바람직하지 않다. 모든 공동체 일원이 이해함으로 용인할 경우를 제외하고는 정해진 시간을 지키는 것이 바르다. 그러나 찬양 예배에서의 찬양과경배는 임재경험을 위해 다소의 확장은 당연히 요구된다. 그러기에 찬양예배는 훈련과 시간을 필요로 한다. 예배공동체가 음악적 연장에 대한 이해함과 편안함

찬양이 하늘에 닿다

을 가질 수 있도록 같은 마음을 품고 기다리고 훈련하고 연습하는 것이 중요하다. 개혁적이라는 것은 바로 이러한 새로움의 추구과 새로움을 향한 열정을 포함하는 개념이겠다.

둘째, SPONTANEOUS

음악적 연장을 SPONTANEOUS라고 표현하여 부른다. 이는 정해진 것을 넘어섰기에 그다음의 음악적 진행은 반복이 아닌 이상 즉흥적으로 해야 하기 때문이다. 찬양과경배는 이러한 즉흥성이 중요하다. 즉흥적으로 음악이 연장되고 연주되며 방언이 나오며 읊조리게 되는 것이다. 이러한 것들을 통하여 더 깊게 사귐을 갖게 되는 것이다. 그러나 이는 훈련이 필요하다. 결론적으로 훈련이 바탕이 되는 자유라 할 수 있다. 이러한 즉흥성은 흑인음악 즉, 가스펠 및 재즈의 영향이 강하겠다. 그래서, 음악적 연장은 재즈적 JAM 및 즉흥연주가 훈련되어 있지 않으면 어려움을 갖게 된다. 방언도 즉흥적 노래도, 방언 찬양도, 읊조림도 사실상, 훈련되어 있지 않으면 불가능하다. 그러하기에 즉흥은 유치가 아니라 오히려 성숙인 것이겠다.

셋째, SPIRITUAL

음악적 연장을 SPIRITUAL이라고 표현하여 부른다. 이는 즉흥적으로 하되, 인간의 노력 만으로가 아닌 성령의 도우심 속에서 하는 것이기 때문이다. 방언찬양도, 방언도, 즉흥적 노래도 , 읊조림도 훈련에 의해 아무렇게나 할 수 있지만 성령께서 지금 이 시간에 하게 하

157

시는 것을 해야 한다. 이것이 기독교와 타 음악 콘서트와의 차이이
다. 그들은 인간의 즉흥적 감정에 따라 연주한다. 그러나 기독교는
자신의 즉흥적 감정에 따라 연주나 노래하는 것 같으나 성령의 영향
권 아래서 하는 것이다. 우리는 성령으로 태어난 자들이기에, 그분의
인도하심 속에 있기 때문에 그러한 것이다 그러므로, 정해진 것을 넘
어선 후에는 다 성령인도하심아래서 진행되는 것이 되어야 한다. 즉,
성령의 인도하심과 도우심을 구하면서 즉흥을 펼쳐 나아가야 하는
것이다. 이러한 참맛을 맛보면 헤어나질 못할 것이다!

넷째, INDIVIDUAL

음악적 연장을 INDIVIDUAL이라고 표현하여 부른다. 이는 수평적
계시와 응답의 구조 속에서 수직적 계시와 응답이 일어나도록 독려
하는 직접적인 부분이기에 그러하다. 음악적 연장의 목적은 바로 수
직적 계시와 응답, 즉, 각자가 임재경험을 하도록 하기위해 존재하는
것이다. 수평적 계시와 응답의 구조를 정확히 지키는 것과는 상관없
이 오히려, 수평적 계시와 응답의 예배학적 구조를 위협하는데도 불
구하고 임재경험을 위해 음악적 연장을 두는 것이다. 그러므로 때로
는 예배자 각자가 하나님을 개인적으로 경험할 때까지 하나님과의
영적 사귐이 일어날 때까지 연장을 충분히 두어야 한다.

모든 국면마다 이를 적용할 수도 있다. 그러나, 시간의 제한으로 인
해 강조를 두는 국면에만 이를 적용하는 것이 적당하겠다. 은사적 성
향이 강한 예배일수록 이를 적용하는 횟수가 많아지겠다.

(3) 예배 커뮤니케이션 시행을 위한 list

가. 대화 방법

각각의 순서들은 그 순서를 통해 하나님과 예배자가 사귐을 가질 대화 방법 즉, 커뮤니케이션 방법을 선택하게 된다. 찬양과경배 뿐 아니라, 예배에서의 하나님과의 사귐의 방법, 즉 대화의 방법은 몇 가지로 정리할 수 있겠다. 전통적으로 세 가지가 있다고 본다. 그것은 언어적 대화, 음악적 대화, 그리고, 언어와 음악의 중간 형태인 읊조림, 즉 칸틸레인션적(Cantilation) 대화이다. 그러나 크게 보면, 일곱 가지가 된다. 즉, 침묵과 생략과 연주와 방언을 포함하면 그러하다. 결국, 우리가 싑게 알고 있는 것과 다르게, 찬양과경배중에는 사실상 음률적 말인 노래뿐 아니라, 이러한 다양한 대화의 방법들이 존재하고 사용된다하겠다.

특히, 침묵이나 연주도 하나의 대화임을 인식하는 것이 중요하다. 생략은 예배학적 구조상은 존재한다고 보는 것이고 실제에서는 시간 관계 및 주제의 강조 등의 이유로 넘어가는 것이다. 특히, 이러한 생략은 감사의 국면에서 자주 발견된다. 예를 들어 노래를 하지 않고 멘트를 함으로 간단히 넘어가는 경우도 많다. 하지만, 생략하거나 말 한마디만을 한다하여도 예배학적 구조는 정확히 알고 있어야 한다. 이를 알고도 진행의 효율를 위해 적용하는 것과 몰라서 못하는 것과는 전혀 다른 것이다.

침묵 또는 연주 중 침묵은 임재경험을 위한 반응의 시간이나 열납의 시간을 위해 사용될 수 있겠다.

대화의 방법들	내 용
침묵	침묵함으로 묵상 중에 음성을 들으며 또는 속으로 말하며 사귐을 가짐
말	언어적으로 대화를 통해 사귐
생략	생략하고 다음 사귐의 단계로 넘어감
노래	노래로 대화함으로 사귐
읊조림	읊조리는 것으로 대화를 통해 사귐
연주	연주중 묵상을 통해 사귐을 가짐
방언	방언으로 대화를 통해 사귐

대화의 방법들

방언은 성령의 은사중 하나이다. 성경에 나와 있는 방언의 모습은 4가지 정도가 된다.

첫째, 대중방언이다. 이는 사도행전에 여러 번 기록이 나온다. 즉, 그 나라 민족의 언어로 말하는 것이다. 이는 분명 복음전도를 목적으로 주어지는 은사이겠다. 그리고, 방향은 하나님이 아닌 세상을 향한 방향이겠다.

둘째, 읊조림의 방언이다. 이는 고전12장에 나오는 것으로 하나님

160

을 향하여 하는 방언이고 사람들이 알아들을 수 없는 말이라 하였다. 즉, 흔히들 교회에서 하는 방언이겠다. 이는 자신의 덕 즉, 자신의 신앙의 성장과 연관이 있는 것이다.

셋째, 예언적 방언이다. 이는 고전 12장에 예로 들어져 있는 것으로 예언을 방언으로 하는 것이다. 이는 통역이 분명 필요하겠다. 방언통역은 바로 여기에 사용되는 은사이다. 성경에는 방언으로 예언하는 이유를 안 믿는 자들에게 신비적 경험을 주어 하나님을 경외하고 하나님을 사모하도록 하고자 한다고 되어 있다. 또한, 예언임으로 예언의 역할과 목적에 동일하게 부합된다하겠다. 즉, 예배 공동체에게 위로와 격려 그리고, 영적 계시 및 비전을 전달하기 위함이다.

넷째, 방언찬양이다. 이는 '신령한 노래' 라는 골로새서 성경구절을 통해서 살펴볼 수 있다. 읊조림의 찬양은 정해진 노래를 넘어서 즉흥적으로 노래하는 것으로 세 가지가 있다. 첫째, 즉흥적으로 읊조리는 것과 이를 지나서 정해진 멜로디를 가지고 읊조리는 것, 다음으로 정해진 멜로디와 정해진 가사가 정형화 된 것이다. 마지막의 것은 다시 노래로 정형화 된다. 앞의 두 경우가 즉흥적 음악이 되겠다. 성령의 인도하심을 따라 음악적 자질을 사용하여 방언으로 찬양을 하는 것이다.

이러한 읊조림의 즉흥 찬양은 회당찬양의 근간을 두는 칸틸레이션과 흑인적 음악적 특징, 즉, 째즈나 가스펠 및 블루스적 즉흥연주와 즉흥음악이 혼합 되어서 성령 안에서 기독교적으로 재탄생된 것이라 하겠다. 특히, 이러한 즉흥 찬양을 단순한 읊조림을 넘어 방언으로 하게 될 경우 이는 방언적 즉흥 찬양 즉, 방언찬양이 되는 것이다. 이러한 방언 찬양은 오히려, 성경의 신령한 노래를 역사적으로 발전시켜 신령한 노래의 정형화된 모델이 된 것이라 할 수 있겠다.

나. 대화의 방향

대화의 방법이 선택되었으면 이제 그 대화의 방향들이 정해지고 선택되어져야한다. 대화는 방향이 있다. 앞선 공부에서 계시와 응답을 공부하였는데, 내가 상대에게 말하는 방향이 있고 상대가 나에게 말하는 방향이 있는 것이다. 즉, 하나님께서 주격이 되고 예배자가 호격이 되는 방향이 있고 예배자가 주격이 되고 하나님께서 호격이 되는 방향이 있다. 이러한 방향을 구분하여 이해하는 것은 찬양과경배의 기획에 정말 중요한 부분이라 하겠다. 많은 경우, 노래를 하면서 지금 누구에게 왜 찬양을 하고 있는지를 모르고 하는 경우가 많다. 이러한 기본적인 것만 잘 정립되어도 찬양과경배는 진정한 사귐의 장이 될 수 있는 것이겠다.

앞서 자세히 살펴보았지만, 흔히들 찬양은 하나님을 높이는 것이라고만 생각을 한다. 그러나 대표적으로 권면적이고 선포적인 성가대 찬양과 같은 음악은 하나님을 향하지 않고 인간을 향한다. 성경에도

찬양이 하늘에 닿다

찬양이 가르침과 권면 및 위로의 역할을 하고 있음을 이야기한다. '그리스도의 말씀이 너희 속에 풍성히 거하여 모든 지혜로 피차 가르치며 권면하고 시와 찬미와 신령한 노래를 부르며 마음에 감사함으로 하나님을 찬양하고' 라는 골로새서의 말씀을 잘 해석하면 시와 찬미와 신령한 노래를 통해 하나님을 찬양할 뿐 아니라 피차 가르치며 권면해야할 것을 이야기하고 있는 것임을 알 수 있다. 그러므로, 찬양의 역할에는 높임의 역할뿐 아니라, 가르치는 역할과 서로를 권면하는 역할이 있는 것이겠다. 선포 찬양에는 케리그마 찬양이, 높임 찬양에는 레이투르기아 찬양이 사용되어 그 고유의 역할을 해낼 수 있도록 해야 하겠다.

이에 대한 구체적인 내용은 앞선 장에서의 계시와 응답을 이야기하면서 자세히 고찰하였었다. 여기서는 이정도로 줄인다. 아무쪼록 이를 잘 이해하기 바란다.

다. 찬양의 시행 방법

이렇게 방향을 정하여 찬양을 수행하는데 있어서, 전체가 다같이 수행하느냐 또는 대표자를 두어 하느냐 전체가 한 방향으로 하느냐 각각의 개인에게 맡기느냐를 다음으로 고려하여 생각해 볼 수 있겠다. 전체가 하지 않고 대표자를 두어서 선포적 찬양을 하는 것의 대표적인 예가 바로 성가대 찬양이 되겠다. 찬양과경배에서도 솔로를 두어 찬양하게 한다든지 하는 방법들이 바로 이러한 것의 고려에서 나오는 결과들이라 하겠다.

	같은 방향 및 주제 및 방법	다른 방향 및 주제 및 방법
다같이	일반적 회중 찬양	반응 중 또는 기도 중 적용을 위한 배려의 시간의 경우
대표자	솔로, 중창단, 성가대	예언적 방언 찬양

예를 들어 다같이 같은 방향으로 찬양을 할 경우는 일반적 회중 찬양이겠다. 찬양과경배를 다같이 부르는 것은 일반적인 경우이다. 그러나, 대표자를 두어 회중과 같은 방향의 찬양을 시행하게 할 경우는 강조를 위한 하나의 시행 방법인 것이겠다. 솔로나 중창단이나 성가대가 바로 이러한 경우에 해당되겠다.

좀 더 고찰하여 볼 때, 다같이 찬양하지만 다른 방법들로 찬양하거나 다른 주제들로 찬양할 경우에 해당되는 것은 바로 찬양과경배에서 기도 중에 또는 반응의 시간을 주는 중에 각자가 임재경험에 기반을 두어 나름의 찬양을 하는 경우 등이 겠다. 이렇게 충분한 경험을 위한 반응의 시간에는 다양하게 각자 나름대로 창조적으로 찬양할 수 있겠다. 또는 찬양과 기도가 섞여서 이루어질 수도 있겠다. 이토록 충분히 반응하도록 시간을 배려하는 것은 찬양과경배의 비예전적 특징중 하나이겠다. 찬양과경배중에서 대표자가 다른 방법 및 방향으로 찬양을 하거나 기도를 하는 경우의 예는 바로 예언적 방언찬양이겠다. 찬양과경배중에 하나님께서 마음을 주어 앞에 나와 방언으로 예언을 하였다면 – 물론, 뒤에 통역이 있어야 할 것이다 – 이는 회중이 하나님 방향으로 찬양하는 중에 그가 대표자가 되어 하나님 방향에서 회중 방향으로 전환하였고 언어도 방언이라는 다른 방법으로 계시를 선포하는 것임으로 이러한 예에 해당되겠다. 이처럼, 각각의 국면마다 이를 적용하면서 찬양을 어떻게 시행할지를 결정해야 할 것이다.

여기서, 한 가지 더, 선포의 찬양을 다같이 할 경우, 이는 예배 공동체가 예배 공동체 자신에게 선포하는 것이 되겠다. 물론, 앞서 세상과의 관계를 고찰해 보았지만 예배 공동체가 세상을 향하여 선포할 수도 있다. 여기서 기억해 두어야 할 점은 예배학적으로 선포 찬양을 솔로나 대표자를 두지 않고 다같이 선포할 경우는 자신에게 선포하는 것으로 정리하는 것이 옳다는 것이다.

이상 9가지를 고려하여 기획을 하게 될 경우, 조합의 수로 보면 무궁무진한 구성 및 기획이 나올 수 있을 것이다. 또한, 고려 대상에는 넣지 않았지만, 언어적 및 음악적인 것 이외의 상징적인 것, 장소적인 것, 교회력과 같은 시간적인 것 또는, 영상적인 것까지를 고려한다면 더더욱 그러할 것이다. 이를 창조적으로 발전시켜 적용해 나가는 것은 바로 찬양인도자의 평생의 과제가 될 것이다.

2. 각 국면에서의 찬양 적용

이제 실제 적용에 있어서 일어날 수 있는 찬양 적용의 방법들과 특이 상황들을 살펴보고자 한다. 이를 살펴 본 후, 다음 장에서는 이제 실제 콘티 예를 가지고 고찰해 볼 것이다.

(1) 모임의 국면

모든 국면에서 특별한 상황이 아닌 이상, 계시와 응답의 순서를 찬양으로 그 역할을 하게 하는 것이 바람직하다. 반응과 열납의 순서는 보통의 경우 충분히 제 역할을 하도록 시간을 두는 것이 올바르겠다. 모임의 국면의 경우, 하나님의 예배적 임하심을 충분히 계시하고 또한 그 임하심에 충분히 반응하고 그리고, 모임으로 응답하고 하나님의 열납을 느낄 수 있도록 충분히 시간을 주는 것이겠다.

그러나, 시간적 고려를 해야 하는 상황에서는 모든 순서를 제대로 수행할 수 없게 된다. 사실상, 모든 국면 순서를 수행하는 경우는 흔치 않다. 그래서, 다양한 방법들을 사용하게 되는데, 계시의 찬양을 하면서 동시에 반응 더 나아가 열납까지를 겸하여 하도록 하거나, 간단한 멘트로 수행하거나 아예 생략하면서 진행할 수도 있겠다. 중요한 것은 모든 국면의 순서를 이해하면서 운영의 묘를 살리는 것과 몰라서 지나가는 것과는 전혀 다른 것이라는 사실이다.

모임 국면에서 보통 제 역할을 다하는 경우는 다음과 같겠다.

모임의 국면 구분	예배학적 설명	찬양 적용 예
계시	1. 하나님의 임하심 선포 2. 하나님의 임하심 간구 3. 하나님의 임하심을 　근거하여예배 명령	1. 눈을 들어 주를 보라 1. 빛나고 높은 보좌와 1. 복의 근원 강림하사 2. 오소서 오나의 성령이여 2. 주의 영광 이곳에 가득해 3. 눈을 들어 주를 보라
반응	기대하고 믿음	
응답	1. 임하심 또는 임하시는 　하나님께 감사함 2. 임하심에 감사함으로 모임 3. 모여든 서로를 환영함	1. 찬송가의 송영들 1. 주께 감사하세 2. 우리함께 모여 2. 하나님께서 휘파람 불어
열납	기대하고 믿음	

모임 국면 구조에서의 찬양 적용 예

　모임의 계시는 하나님의 예배적 임재에 대한 약속 선포, 임하실 것을 믿고 예배하라는 예배 명령, 그리고 예배적 임재를 간구하는 청원이겠다. 한 가지, 하나님의 임하심의 간구는 그 결과가 오히려 케리그마적이어서 계시로 사용할 수 있다하였다. 그래서, 예배의 임재에 대한 계시로 이러한 간구 찬양을 사용할 수 있는 것이다.

　모임의 응답의 경우는 임하심에 대해 감사하는 것과 임하심을 믿고 모이는 것, 그리고, 모여든 서로를 환영하는 것, 이렇게 세 가지 경우로 할 수 있겠다. 믿고 모이는 것은 임하심에 감사하여 함께 모이자

167

고 권고하는 찬양으로도 할 수 있지만 실제로 모여서 함께 예배함 자체가 그 응답일 수 있겠다.

시간관계상 운영의 묘를 살려야하는 경우, 모임의 계시나 모임의 응답중 하나는 생략하고 하나는 살리는 방법을 사용하든가 하나를 멘트 정도로 넘어가고 하나는 살려서 하는 방법을 택하게 된다. 또 하나의 방법으로, 임하심에 감사하는 것 물론, 부르심에 감사하는 것도 마찬가지겠지만, 특별히 임하심에 감사하고 찬양하는 것으로 모임의 응답의 순서를 수행하려는 경우, 바로 찬양의 국면의 높임 찬양으로 연결하여 수행하기도 한다. 같은 방향의 레이투르기아 찬양이어서 자연스럽게 이렇게 연결하는 경우가 많다. 그러나, 분명 임하심에 감사하고 찬양하는 것과 부르심에 감사하고 찬양하는 것, 그리고 하나님의 성품과 속성 및 능력과 역사하심에 응답하여 찬양하는 것을 구분할 줄 알아야 한다. 이를 알고 운영의 묘를 살리는 것과 모르고 키(key)가 같다고 하여 연결하여 부르는 것은 완전히 다른 것이다.

서로를 환영하는 것은 하나님의 임하심에 대한 또 하나의 응답적 행위이다. 서로를 모임에 합당한 자로 여기어 한 몸을 이루기를 기뻐하는 것이기에 그러하다. 환영의 인사로 이를 행할 수 있겠다. 물론, 찬양으로도 서로를 환영할 수 있다. 기존의 축복 찬양을 환영송으로 이용하여 이를 수행하기도 한다. 이러한 코이노니아에 대한 부분은 차후에 따로 다시 정립하고자 한다.

찬양이 하늘에 닿다

반응과 열납은 시간적 제한이 별로 없거나 은사적으로 강할 때에는 충분히 제 역할을 할 수있도록 시간적 순서로 둘 수 있겠다. 하나님의 예배적 임하심에 충분히 감사할 수 있는 또한, 우리의 모임을 기뻐하시는 하나님을 충분히 묵상할 수 있는 시간을 주는 것이겠다. 그러나, 보통의 경우는 시간적 고려를 위해 계시의 찬송이나 응답의 찬송 중에 같이 이루어지도록 하거나 간단히 후주 등을 통해 시간을 주는 정도이다. 그러나, 분명 반응과 열납이 존재한다는 것을 인식해야 하고 온전한 반응과 인식을 위해 예배 공동체가 찬송하면서 또는 후주 등에서 예배자들로 반응을 짧게나마 할 수 있도록 하는 것이 옳겠다. 설사 시간이 없어서 지나간다고 해도 이를 이해하고 있어야 한다. 진행의 묘를 살리는 것과 모르고 지나가는 것은 전혀 다름을 꼭 인식하기 바란다.

(2) 나아감의 국면

나아감의 국면 구분	예배학적 설명	찬양 적용 예
계시	1. 하나님의 부르심 선포 2. 하나님의 부르심에 근거하여 나아갈 것을 권고 또는 명령	1. 나는 여호와니 2. 내 갈급함 2. 감사하며 그 문에 들어가 주님을 찬양 하여라 2. 은혜로만 들어가네 3. 보혈을 지나
반응	기대하고 믿음	
응답	1. 부르심에 감사함 2. 부르심에 감사하여 나아감	1. 주께와 엎드려 2. 하나님께서 휘파람 불어
열납	기대하고 믿음	

나아감의 국면 구조에 따른 찬양 적용 예

169

나아감의 국면도 시간적 제한에 영향을 많이 받는 국면 중 하나이다. 그러나, 모임이나 나아감 중 하나의 국면은, 더 나아가 모임의 국면에서 계시의 상황이나 응답의 상황, 그리고 나아감의 국면에서 계시의 상황이나 응답의 상황 모두를 수행하지 못한다 하여도 어느 하나만큼은 제대로 해야 할 것이다. 그렇지 않으면 감사 국면 자체가 없어지는 것이 되고 마는 것이다. 나아감의 국면의 보통의 경우는 위와 같다.

나아감의 계시는 하나님의 부르심에 대해 선포하는 것이다. 응답은 부르심에 응답하여 나아가는 것이다. 그런데, 이렇게 주님을 만나러 나아갈 수 있는 것은 예수님께서 십자가로 하나님 아버지와 백성을 화해 시켜 주셨기 때문이다. 그래서, 주의 보혈은 우리의 나아감과 나아가 하나님 만남의 근거가 된다. 그러한 이유로 나아감 국면에서는 보혈 찬양이 자주 등장한다. 이를 잘 기억하기 바라면서, 한 가지를 더 이야기하면 그렇다하여 보혈에만 매여서는 안 된다. 오늘에 주제가 보혈이면 모르겠지만 주의 보혈에 감사하여 여기서 깊은 은혜를 다 경험해 버리면 정작 클라이막스에서 아무것도 못하는 경우가 발생할 수 있다. 이를 이야기하는 것은 이러한 경우가 적지 않아서이다. 물론, 보혈이 중요하고 보혈을 찬양하면서 은혜를 경험할 수 있다. 그러나, 찬양인도자는 전체 진행을 늘 신경 써야 한다. 어디가 클라이막스인지 늘 인식하면서 진행해야하는 것이다.

찬양이 하늘에 닿다

(3) 찬양의 국면

아무리 시간제한이 있어도 제 역할을 충분히 해야 할 부분이겠다. 물론, 시간이 적을 때에는 계시와 응답 중 하나를 더욱 살리고 하나는 그냥 멘트정도로 처리하면서 넘어갈 수도 있겠다. 보통의 경우를 정리하면 다음과 같다.

찬양의 국면 구분	예배학적 설명	찬양 적용 예
계시	1. 하나님의 어떠하심에 대한 선포	1. 생명 주께 있네 1. 예수는 왕 1. 어린양 예수 1. 하나님은 우리의 피난처가 되시며 1. 온 땅 다스리시는 주님
반응	기대하고 믿음	
응답	1. 하나님을 높임 (exaitation)	1. 찬양하세 1. 나는 찬양하리라 1. 내영이 주를 찬양합니다 1. 주의 이름 송축하리 1. 기뻐하며 왕께 노래 부르리
열납	기대하고 믿음	

찬양의 국면 구조에 따른 찬양 적용 예

예배학적 구조상 계시의 선포 찬양이 먼저 나오고 응답의 찬양이 뒤에 나온다. 그러나, 앞서 언급 했던 것처럼 응답의 찬양이 먼저 나올 수 있다. 그러나, 이는 예배학적으로는 계시가 생략된 것으로 이해할 것을 권하였다. 다만, 실제적 상황에서는 이러한 것을 마음에 가지고 있으면서 음악적인 진행을 고려하여 연결하여 실행하면 되겠다. 계속적으로 말하지만 알면서 운영의 묘를 살리는 것과 모르고 진행하는 것은 다른 것이다.

이와 비슷한 경우로 계시의 찬양이나 응답의 찬양 중 어느 하나만 있을 수도 있겠다. 이도 상황들이 숨겨져 있는 것으로 보거나 동시에 일어나는 것, 멘트 및 반응의 시간 등을 통해 이루어지는 것 등으로 이해할 수 있다. 이러한 예배학적 이해를 반드시 가지고 있어야 한다. 그래야지만 정말로 1시간 이상 주어졌을 때 또는 예배학을 따지는 기존 예배 및 전통 개신교 예배와의 통합에 있어서도 문제가 없게 되고 진정한 통합과 발전이 있을 수 있겠다.

한편, 노래 및 음악으로 이루어지는 것 이외에 말 또는 행동 및 상징 등을 통해서 통합적으로 이를 구성하는 것도 연구하여 적용해야 할 것이다. 이에 대한 논의는 지면 관계상 여기서 하지 않겠다.

(4) 경배의 국면

경배의 국면은 찬양의 국면과 같겠으나 주제적 계시가 강조되는 국면이기에 이에 대한 순서 진행을 신경 써야 할 것이다. 이는 앞선 list 에서 살펴본 것처럼, 주제적 말씀에 대한 영향을 얼마나 받느냐에 따라서 주제적 계시가 상당히 축소 될 수도 있겠다. 그러나, 찬양과경

172

배 첨가형 예배가 아닌 이상 찬양예배라면 경배에 주제적 계시는 어떤 모양으로든 있어야 한다. 그렇지 않으면 이는 찬양예배라 할 수 없다. 경배의 국면의 보통의 경우는 아래와 같다.

찬양의 국면 구분	예배학적 설명	찬양 적용 예
계시	1. 주제적 계시 선포	1. 나를 지으신 주님 1. 나의 가는 길 주님 인도 하시네 1. 나의 안에 거하라 1. 주께 가오니 1. 성령이여 내 영혼을 1. 모든 민족에게
반응	기대하고 믿음	
응답	1. 주제적 계시에 대한 순종과 결단(DEVOTION) 2. 말씀하신 주님을 감탄하여 높임 (ADMIRATION) 3. 말씀하신 주님을 경외 함으로 높임 (ADORAION) 4. 친밀한 사귐을 가짐 (INTIMACY)	1. 목적이 이끄는 삶 1. 나 주님의 기쁨 되기 원하네 1. 나로부터 시작 되리 2. 주님 큰 영광 받으소서 2. 비전 3. 주를 높일찌라 3. 경배하리 주 하나님 4. 나 무엇과도 주님을 바꾸지 4. 이와 같은 때엔
열납	기대하고 믿음	

경배의 국면 구조에 따른 찬양 적용 예

주제적 계시가 충분히 일어나도록 하기위해 찬양하면서 기도할 수

173

있는 충분한 반응의 시간을 줄 수 있다. 찬양 중에 충분히 반응할 수 있다면 더욱 좋고, 그렇지 못하면 기도나 음악적 연장을 통해 주제적 계시가 충분히 임하도록 그리고 반응하도록 해야 할 것이다. 인도자의 강압적(?) 인도 없이도 찬양 중에 또는 음악적 연장 중에 충분히 계시를 받아들이고 반응할 수 있을 정도가 되려면 예배공동체가 3년 이상의 모임으로 훈련되어야 할 것이다. 그렇지 않고, 찬양예배를 시작한지 얼마 되지 않거나 장년들이 많은 경우는 기도로 이를 알려주고 계시를 경험할 수 있도록 독려하는 것이 필요하겠다.

경배의 주제적 계시에 있어서 한 가지, 주제적 계시는 하나의 주제로 하여야 할 것이다. 둘이상의 주제가 함께 있는 것은 집중을 분산시킴으로 효과적이지 못하다. 또한, 둘이상의 주제가 있다는 자체가 일단 '주제적 계시' 라는 단어와 배치되는 것이라 하겠다. 예를 들어보자, 콘티가

> 다와서 찬양해 - 일어나라 주의 백성 - 마지막 날에 - 성령의 불타는 교회 - 나의 안에 거하라 - 하나님 아버지의 마음 - 주만 바라볼 찌라

이 콘티의 경우 만약 어떠한 논리에서는 '성령의 불타는 교회' 까지를 찬양의 국면으로 본다면 '나의 안에 거하라' 에서 부터가 경배의 국면이고, 주제는 '하나님 아버지' 이겠다. 그러나, 그렇지 않다면. '성령' 이라는 주제와 '하나님 아버지' 라는 주제가 함께 있는 것이 된

다. 이러한 경우는 예배자들로 주제에 대한 혼란을 야기 시킬 수 있다. 코드가 같다고 하여 또는 분위기가 같다고 하여 그냥 연결하여 부른다고 기획이 되는 것이 아니다. 물론, 은사적 성향이 강한 찬양과경배의 경우는 위와 같은 경우가 등장할 수 있다. 왜냐하면, 은사적 예배는 곡의 내용과 상관없이 주님과의 만남과 임재경험을 추구하는 경향이 강함으로 극단적으로는 이럴 수 있다고 할 수 있다. 심지어, 은사적 찬양의 경우는 극단적으로 이야기하면 기획도 없다고 말할 수 있다. 그 순간의 성령의 인도하심을 따라서 찬양한다고 할 수도 있겠다. 그러나, 이것은 은사적 찬양의 경우에 해당하는 것이다. 찬양과경배와 말씀이라는 이중구조를 가지고 있고 주제적 계시에 지배를 받고 있는 찬양예배는 예배학적 논리와 기획을 가지고 있어야 한다. 그래야 찬양예배가 예배다울 수 있다. 그러므로, 찬양예배 및 찬양과경배는 주제적 계시를 하나로 집중하여 온전히 기획하여야 할 것이다. 분명 오늘을 오늘 되게 할, 이날 이 순간 이 장소에 하나님께서 말씀하실 하나의 주제가 있다. 설교자와 찬양인도자 및 예배 관계자들은 이를 위해 기도하며 기획을 온전히 하여야 할 것이다.

경배의 응답은 충분히 응답할 수 있도록 해야 한다. 이를 놓치는 경우가 많은데, 이를 충분히 해야 진정한 주제적 계시가 일어났다고 할수 있겠다. 물론, 말씀 뒤의 응답의 시간에 합쳐서 수행될 수도 있겠다. 이렇게 기획하는 것이 아니라면 경배에 있어서 주제적 계시에 대한 응답은 충분히 이루어져야 한다. 시간적 관계로 친밀 및 경외 및 헌신 등이 모두 일어날 수는 없을 수 있다. 그러나, 둘이상의 차원으로 충분히 응답할 수 있도록 인도하길 권유하는 바이다.

6장

찬 · 양 · 과 · 경 · 배 · 의
실 · 제

찬양과경배 콘티 분석!

　이 장에서는 이 책의 마지막 공부로 콘티 분석을 다루고
있다. 앞에서 정리한 Check up list를 바탕으로 분석하고 있
다. 즉, Check up list의 실제에 해당하는 것이며, 아울러 찬
양과경배의 실제에 해당하는 공부이겠다. 이 책에서는 찬
양을 인도할 때 일어나는 상황 대처법을 다루고 있지 않다.
찬양인도를 위한 찬양기획의 예배학적 정립과 그것을 기반
으로 하는 찬양과경배의 인도를 위한 콘티 분석까지를 예를
들어 설명하고 있다. 이제 마지막 공부를 앞에 두면서 부디
예배학적으로 올바른 콘티를 위한 마지막 관문인 콘티 분석
을 자신의 것으로 만드는 시간이 되길 기도한다. 이어지는
다양한 멘트 및 예들은 인도자들의 자료로 삼길 바라며 다
시 한번 예배 기획 및 콘티 작성의 귀한 습관이 훈련되길 마
음깊이 바라는 바이다.

1. 콘티 분석

이제 5 가지 경우의 콘티를 직접 살펴보면서 찬양과경배의 기획를 어떻게 하는지 또한 어떻게 하는 것이 옳은지를 공부해 보자. 이는 마치 음악에서 분석과 같은 것이겠다. 이렇게 찬양과경배 및 찬양예배를 분석할 수 있고 기획할 수 있게 되는 것이 이 책의 목표이겠다.

① 주제 : 인도하심

콘티 : 주께 가까이 - 내가 주인 삼은 - 생명주께 있네 - 주의 이름 송축하리 - 주예수의 이름 높이세 - 나의 가는 길 - 약할 때 강함 되시네 - 살아계신 하나님 - 지존하신 주님 - 모든 영광과 존귀와 능력

가. 구조정립을 위한 List Check up

a 전체 구조

먼저, 감사와 찬양과경배의 구조가 되어 있는지를 살펴본다. 그리고, 계시와 응답의 적용이 어떠한지를 살펴서 콘티를 분석한다. 또는 짠다. 위의 콘티를 구조에 맞추어 분석해 보면,

179

국면 구분			찬양 적용
감사국면	모임국면	계시-임재약속	
		반응	
		응답-모임	
		열납	
	나아감 국면	계시-부르심	
		반응	
		응답-나아감	주께 가까이 내가 주인 삼은
		열납	
찬양국면		계시-선포찬양	생명주께 있네
		반응	
		응답-높임찬양	주의이름 송축하리 주예수의 이름 높이세
		열납	
경배국면		계시-주제적계시	나의 가는길 약할 때 강함 되시네
		반응	
		응답-경배적 높임찬양	살아계신 하나님 지존하신 주님 앞에 모든 영광과 존귀와 능력
		열납	

콘티의 구조와 계시와 응답에 대한 분석

전체적으로 균형이 잘 갖추어진 콘티이다. 감사의 국면중 모임의 국면은 축소 및 생략되어 있고, 나아감의 국면은 갖추어져 있다. '내

180

가 주인 삼은' 곡은 나아감의 국면에서 찬양의 국면을 향하는 조명의 역할도 하고 있다. 찬양의 국면은 모범적으로 계시의 찬양이 먼저 나오고 응답의 찬양이 이어 나왔다. 경배의 국면에서는 주제적 계시의 찬양이 적절하게 포진 되어 있고 이에 따른 응답의 경배적 높임찬양도 조화가 있다. 이렇게 주님의 어떠하심을 선포하는 주제를 가지고 있는 경우는 아주 일반적인 콘티가 나올 수 있겠다.

b. 주제의 영향 정도

주제는 하나님의 인도하심이다. 나의 가는 길을 선하신 주님께서 인도하고 계시다는 것이겠다. 찬양의 국면을 볼 때 일반적 찬양을 하고 있다. 즉, 주제적 계시에 찬양의 국면은 크게 영향을 받고 있지 않다. 감사의 국면에서의 찬양들이 오히려 주제의 영향을 받고 있는 것 같다. 하지만, 감사의 국면적 내용이라 하여도 무방함으로 주제적 계시의 영향을 크게 받고 있지 않다고 봐야할 것이다. 그러므로, 전체적으로 이 콘티는 주제적 계시의 영향을 강하게 받고 있지 않다고 봐야하겠다. 즉 경배에 주제적 계시가 집중되어 있는 보통의 경우인 것이다.

c. 순서의 적용 정도

전체적으로 어느 순서가 강조되어 있는 않은 균형을 가지고 있는 콘티이다. 감사의 국면을 보면, 모든 감사의 국면을 다 시행할 수 없음으로 나아감의 국면을 살리고 모임의 국면은 축소한 것으로 보인다. 아마도 보통의 적용으로 모임의 국면은 주의 이름 앞에 모인 예배자들을 환영하고 격려하는 멘트를 통해서 또한 예배자 서로가 환영하는 것을 통해서 간단하게 시행하려고 할 것이다. 그렇게 볼 때에 역시, 전체적으로 균형을 잡고 있는 콘티라 하겠다.

나. 음악적 체험을 위한 List Check up

a. 음악적 강도

전체적 강조점을 고려하여 음악의 강약이 사용될 것이다. 감사의 국면은 속도는 느리지만 파워는 강하게 할 수 있겠다. 찬양의 국면은 속도와 파워가 다 빠르고 강하겠다. 경배의 국면은 속도는 느리지만 점점 파워가 강해지도록 해야 할 것이다. 전체 흐름은 스피드의 경우, 느렸다 빨랐다 느려진다. 파워인 경우는 낮았다 높아졌다 다시 낮아졌다 다시 높아진다. 이 콘티는 음악적으로 가운데 높은 밀짚모자형태와 대변동이 결합된 형태이다. 다시말해, 찬양까지는 파워와 스피드가 높아지다가 '약할 때 강함 되시네'의 후렴 '예수 어린양 존귀한 이름'에서 스피드와 파워가 낮아진다. 여기까지는 밀짚모자형태의 콘티이다. 그런데 뒤를 이어 '살아계신 하나님' 부터는 스피드는 빨라지지 않으나 파워가 다시 올라간다. 즉, 엔디팍이 이야기하는 대변동 진행 중 하나의 형태이다. 엔디팍은 이렇게 중간에 잔잔한 강도에서 마지막 부분으로 가면서 다시 강해지는 콘티 진행을 대변동 진행이라 명명하고 있다. 그러므로 이 콘티는 밀짚모자진행과 대변동진행이 결합된 진행이라 볼 수 있겠다.

b. 임재경험의 감정적 체험

예배공동체의 성향 및 그날의 주제에 따라 또는 인도자의 성향에 따라 감정적 체험은 얼마든지 달라질 수 있을 것이다. 일단 일반적 경우를 고려하여 살펴보면,

감사의 국면의 찬양들은 일반적으로 잘 알고 있고 또한, 주님에 대한 갈망함을 끌어올리기에 적절한 곡들이다. 그러므로, 감사의 국면에서 하나님의 은혜를 충분히 느끼도록 할 수 있을 것이다. 물론, 주제적 계시를 위해서 여기서 폭발하면 안 되겠지만 오히려, 이 경우는 충분히 나아감의 국면을 시행하는 것이 주제적 계시를 위해 도움이 될 수 있을 것이다.

찬양의 국면은 빠르며 경쾌한 곡들로써 충분히 기쁨을 가지고 찬양하도록 또한, 찬양 중에 기뻐하도록 유도할 필요가 있겠다. 이 정도의 곡이면 기쁨이 충만하도록 하기에 충분하다. 이를 그렇게 인도하지 못한다면 인도자 스스로가 자신을 점검하여 훈련시켜야 할 것이다.

경배의 국면은 '나의 가는 길'이라는 곡 내용 자체 안에 주제적 계시을 직접적으로 가지고 있기에 주제적 계시를 전달하는데 수월하다 하겠다. 그렇다하여도 기도시간을 두어서 반응을 충분히 하도록 하는 것은 괜찮을 수 있겠다. '약할 때 강함 되시네'는 인도하시는 예수님에 대해 계속적으로 초점을 맞추도록 하게하면서 동시에 응답적 찬양의 역할을 하는 이중적인 곡이겠다. 그러므로, '약할 때 강함 되시

183

네'는 계시를 충분히 하면서도 어느 정도 시간이 지나서는 자연스레 응답으로 바뀔 수 있도록 곡을 사용하여 인도해야 할 것이다. 잠잠히 하나님의 주제적 계시를 경험하게 한 후 다시 파워를 올려 열정적 응답이 되도록 방향을 바꾸어 인도하면 될 것이다.

c. 음악의 연장

이 콘티는 일반적이기에 음악적 연장을 많이 사용하지 않을 수 있겠다. 그러므로, 일반적 경우인 경배의 국면의 '약할 때 강함되시네' 정도에서 음악적 연장을 사용하여 충분히 반응하도록 할 수 있겠다. 특별히, 이 콘티에서는 감사의 국면에서 오히려 음악적 연장을 사용하여 감정적 체험을 충분히 하도록 할 수도 있을 것이다. 이 콘티는 그것이 주제적 계시를 삭감시키지 않고 오히려 도움을 줄 수 있을 것으로 보인다. 왜냐하면 영혼을 인도하시는 하나님께 가까이 가도록 도울 수 있기 때문이다.

다. 예배 커뮤니케이션 시행을 위한 List Check up

a. 대화방법

전체적으로 노래 이외의 대화방법이 별로 없을 콘티이겠다. 단지, 경배의 국면에서 기도를 할 수 있겠다. 그리고, 경배의 국면에서 응답의 찬양 멘 뒤에 음악적 연장 중 즉흥찬양이나 방언찬양을 하게 될 때에는 읊조림의 방법들이 사용될 수 있겠다.

b. 대화의 방향

나아감의 국면에서의 찬양중 '주께 가까이'는 간구의 레이투르기아 찬양으로, 부르시는 주님 앞에 나아가 주님 만나길 사모하니 주님께로 더 가까이 이끌어 주실 것을 간구함으로 응답의 역할을 하고 있다. 그 외는 일반적인 대화의 방향을 가지고 있다하겠다.

c. 찬양의 시행 방법

'나의 가는 길' 정도 1절 앞부분에 솔로를 넣는 정도 외에는 시행에 있어서 특별한 것을 안 하는 것이 오히려 나을 것 같은 콘티이겠다.

2

주제:주님과의 친밀함

콘티: 나 주앞에 서서 - 오 주안에 내 믿음이 있네 - 좋으신 하나님
인자와 자비 - 내맘의 눈을 여소서 - 나를 지으신 주님 - 온맘다해 -
내주 같은 분 없네 - 나 무엇과도 - 사랑해요 목소리 높여

가. 구조정립을 위한 List Check up
a 전체 구조

185

국면 구분			찬양 적용
감사국면	모임국면	계시-임재약속	
		반응	
		응답-모임	
		열납	
	나아감 국면	계시-부르심	
		반응	
		응답-나아감	나 주 앞에 서서
		열납	
찬양국면		계시-선포찬양	
		반응	
		응답-높임찬양	오 주 안에 내 믿음이 있네
		열납	
		계시-선포찬양	좋으신 하나님 인자와 자비
		반응	
		응답-높임찬양	
		열납	
		조명	내 맘의 눈을 여소서
경배국면		계시-주제적계시	나를 지으신 주님
		반응	
		응답-경배적 높임찬양	온 맘 다해 내 주 같은 분 없네 나 무엇과도 사랑해요 목소리 높여
		열납	

콘티의 구조와 계시와 응답에 대한 분석

전체적으로 볼 때 경배의 응답적 높임 찬양이 강화되어 있는 콘티 임을 알 수 있다. 그 이유는 주제가 주님과의 친밀감이기에 나를 구원하신 주님과 더욱 가까워 지고 친밀하여 질 것을 주제적 계시로 선포하고 난후 어찌보면 주제적 계시보다 그 말씀 앞에 또한 말씀하신 주님 앞에 더욱 나아가 그렇게 하겠다는 결단과 또한 이시간의 주님과의 친밀한 만남을 도모하는 것이 좋을 것이라 판단되기 때문이라 하겠다. 이렇게 주님의 성품 및 주님과의 사귐 관련 주제에는 주제적 계시보다 주제적 계시에 대한 응답을 강화하여 오늘의 주제를 경험하여 응답하도록 도모하는 쪽을 강화하는 콘티가 자주 등장 할 수 있겠다.

찬양의 국면에서 '내 맘의 눈을 여소서'는 조명의 역할을 하고 있겠다. 또한, 찬양의 국면에서 '오 주안에 내 믿음이'가 '좋으신 하나님 인자와 자비'보다 먼저 나왔는데 이는 응답이 계시보다 먼저 나왔다고 볼 수 있는 상황이다. 이런 경우의 해석은 앞서 살펴 본 것처럼 '오 주안에 내 믿음이' 곡 앞에 계시가 숨어 있다고 볼 수 있고 '좋으신 하나님 인자와 자비' 뒤에 응답이 숨어 있거나 '좋으신 하나님 인자와 자비' 찬양으로 계시와 응답의 모든 순서를 소화하는 이중적 역할을 수행하고 있는 것이라 볼 수 있다. 이제 이러한 예배학적 해석은 충분히 할 수 있으리라 본다.

'나 주 앞에 서서'는 찬양적 내용을 많이 담고 있지만 여기서는 분명 이제 주 앞에 모여서 주님 보좌 앞에 나아와 함께 서서 찬양한다는 감사의 국면적 역할을 하고 있음을 알 수 있다. 그중 주님의 부르

187

심에 나아와 서 있음을 고백하는 나아감의 응답적 순서에 해당하겠다. 물론, 자연스레 찬양의 국면과 연결되지만 말이다.

b. 주제의 영향 정도

주제는 주님과의 친밀감이다. 이 콘티는 주제의 영향이 보통의 경우라 볼 수 있다. 감사 및 찬양의 국면의 내용은 일반적인 기독론에 근거한 내용들이라 볼 수 있기 때문이다.

c. 순서의 적용 정도

앞서 보았듯이 경배의 국면에서 응답의 국면이 강화되어 있다. 즉, 시간적으로 많은 부분을 차지하고 있다. 주제적 영향이 다른 순서에 미치는 영향은 강하지 않지만 무게중심을 주제적 계시에 많이 두고 있는 콘티의 형태라 하겠다.

나. 음악적 체험을 위한 List Check up

a. 음악적 강도

전체적 음악의 강약의 흐름은 스피드의 경우, 빨랐다가 점점 느려진다. 파워의 경우, 역시 점점 약해진다. 전형적인 하향진행이 되겠다. 경배의 응답의 순서에서는 하나님과의 개인적 응답과 사귐이 강하게 일어나도록 음악이 차분한 감동을 자아내도록 해야 할 것이다.

b. 임재경험의 감정적 체험

경배의 응답의 경우, 사용되는 감정은 차분한 감동이다. 이쁜 미소나 한줄기 흐르는 눈물로 묘사될 수 있는 잔잔한 사랑의 감정이 지배적인 상황이겠다. 물론, 뜨거운 감정을 도모할 수도 있겠다. 자고로 사랑은 타오르는 것이기 때문이다. 사랑의 감정이라는 기반위에 주님께서 부어주시는 사랑의 감정 체험을 하도록 하면 될 것이다.

c. 음악의 연장

국면 구분		찬양 적용
경배국면	계시-주제적 계시	나를 지으신 주님
	반응	
	응답-경배적 높임찬양	온 맘 다해 내 주 같은 분 없네 나 무엇과도 사랑해요 목소리 높여
	열납	
	이차 계시	주님께서 여러분을 사랑하십니다 (멘트로 예언적 선포)
	반응	
	이차 응답	사랑한다는 개인적 고백 (각자의 다양한 고백으로)
	열납	
	삼차 계시	사랑이신 주님('예수 사랑하심은' 후렴으로 함께 찬양, 이는 예배공동체 자신들을 향한 선포임)
	반응	
	삼차 응답	예수 사랑하심은 부르며 나를 사랑하 시는 하나님을 선포함과 동시에 나를 사랑하시는 분은 주님이심을 고백하 며 사귐을 경배의 응답을 가짐
	열납	

경배에 있어서의 다차적 계시와 응답 연장의 예

이러한 콘티에서 경배의 응답 부분은 영적 사귐을 위한 연주로서의 음악적 연장이 아주 활발히 사용될 수 있겠다. 사랑의 사귐을 위한 장을 마련해주는 것 이겠다. 한편, 음악적 연장 속에서 이차적 계시와 응답이 계속적으로 일어날 수 있겠다. 은사적 성향이 강한 예배일수록 계시와 응답은 반복되어 이어질 것이다. 경배의 국면에서 계시와 응답이 한번을 넘어 이차적으로 또는 다 차적으로 이어지는 경향은 찬양과경배의 은사적 특징이라 하겠다. 또한, 이어지는 계시와 응답은 노래로만 아니라 예언적 선포 및 다양한 언어적 응답 및 전인적 응답이 일어날 수 있겠다. 은사적 특징이 강할 경우는 심적 치유를 넘어 육체적 치유까지를 포함한 전인적 응답의 강도가 더욱 강해진다.

다. 예배 커뮤니케이션 시행을 위한 List Check up

a. 대화방법

전체적으로 노래가 사용될 것이며 경배의 응답 순서에서는 묵상 및 연주가 활발히 사용될 것이다.

b. 대화의 방향

경배의 응답의 순서에서 방향은 물론 하나님을 향하는 방향의 노래가 사용 되고 있겠다. 그러나, 더욱 깊어지면서 사귐이 일어나고 있기에 하나님을 향하는 방향과 백성을 향한 방향은 동시적으로 일어나게 된다. 이렇게 사귐을 갖는 경우에는 동시적 방향으로 충분히 일어나도록 인도자는 독려해야 할 것이다.

190

c. 찬양의 시행 방법

대부분의 순서에서 찬양의 시행은 다같이 부르는 방식을 선택할 수 있겠다. 예배자 각자가 자발적으로 또한 능동적으로 하나님과 사귐을 가져야 하기에 대표자를 두는 것은 이러한 것에 방해를 오히려 줄 수도 있겠다. 그럼에도 불구하고 경배의 계시 순서인 '나를 지으신 주님' 및 '온맘 다해' 1절 정도는 솔로로 부르게 할 수도 있겠다. 이는 계시이기에 가능한 부분이겠다. 응답의 상황이 강화되어 있는 콘티이기에 응답적 상황에서는 대표자를 세우는 것을 하지 않는 것이 바람직하겠다. 다만, 경배의 응답 순서에서는 함께 찬양하되 다함께 한목소리를 내는 것보다 각자 개인적인 목소리를 내도록 독려하는 것은 개인의 임재경험을 위해 효과적일 수 있겠다.

3

주제:성령

일어나라 주의 백성 - 주임재하시는 곳에 - 주의 영이 계신 곳에 - 마지막 날에 - 성령의 불타는 교회 - 우리 함께 일어나 - 모든 민족에게 - AGAIN1907 a 전체 구조

가. 구조정립을 위한 List Check up

a 전체 구조

국면 구분			찬양 적용
감사국면	모임국면	계시-임재약속	
		반응	
		응답-모임	
		열납	
	나아감 국면	계시-부르심	일어나라 주의 백성
		반응	
		응답-나아감	
		열납	
찬양국면		계시-선포찬양	
		반응	
		응답-높임찬양	주 임재하시는 곳에
		열납	
		계시-선포찬양	주의 영이 계신 곳에
		반응	
		응답-높임찬양	주의이름 송축하리
		열납	
경배국면		계시-주제적계시	마지막 날에 성령의 불타는 교회
		반응	
		응답-경배적 높임찬양	우리함께 일어나 모든 민족에게 Again1907
		열납	

콘티의 구조와 계시와 응답에 대한 분석

192

전체적으로 볼 때, 경배의 국면이 강화 되어 있는 콘티이다. 특히, 주제적 계시가 강화되어 있다. 경배적 응답 찬양으로 포진시켜 놓은 찬양들도 주제적 계시가 동시적으로 일어나는 경향성을 강하게 가진 곡들로 경배의 국면은 주제적 계시가 강화되어 있는 것을 볼 수 있다.

찬양의 국면은 앞선 콘티의 예처럼 응답이 먼저 나오고 있다. 이는 따로 설명하지 않겠다. 감사의 국면은 '일어나라 주의 백성' 찬양이 부르심으로 사용되고 있다. 즉, 일어나 주님 앞에 나아와 예배 가운데 주님을 만남으로 부흥의 주역이 되라는 부르심의 계시가 되는 것이다.

b. 주제의 영향 정도

주제적 계시의 영향이 강한 콘티이다. 전체적으로 성령이라는 주제적 계시의 흐름 속에서 감사와 찬양의 국면도 구성되어 있다. 전형적인 주제적 계시의 지배를 받는 콘티의 형태라 하겠다.

c. 순서의 적용 정도

주제적 계시가 시간적으로 많이 할애되어 있는 경우의 콘티이다. 다른 순서에로의 주제적 영향도 강하고 시간적으로 주제적 계시가 중심도 잡고 있는 그러한 콘티이겠다.

193

나. 음악적 체험을 위한 List Check up

a. 음악적 강도

전체적으로 강한 노래이다. 처음부터 끝까지 음악의 강도가 처지지 않는 구성이다. 잠시, 주제적 계시를 위해 기도하는 시간을 갖는 정도에서 강도가 낮아지고 그 외에는 모두 강도가 높은 형태를 가지고 있다. 스피드도 거의 죽지 않는다. 계속적으로 스피드가 빠른 콘티이다. 경배적 응답찬양에서 스피드가 죽지만 잠시 죽었다가 다시 'again1907'에서 스피드를 올려서 끝을 내고 있다. 엔디팍이 이야기한 대변동 진행에는 사실상 두 가지가 있을 수 있다. 스피드는 빨라지지 않지만 파워가 높아져서 대변동을 겪는 것과 파워와 스피드 모두 빨라지는 것이겠다. 물론, 갑작스러운 경우와 서서히 일어나는 경우도 구분할 수 있겠다. 어찌되었든 (1)번의 경우가 스피드는 빨라지지 않지만 대변동을 겪는 콘티라 하면 이 경우는 스피드까지 빨라져서 대변동을 겪는 경우라 하겠다.

b. 임재경험의 감정적 체험

찬양의 국면까지는 가볍게 즐겁고 기쁜 감정이 자리 잡고 있다. 성령의 임하심 속에 자유 함이 있기 때문이겠다. 그러나, 경배의 국면으로 넘어가면서 감정은 파워풀한 감정으로 바뀌게 된다. 그래서, 끝까지 강한 감정이 계속적으로 진행되어 진다. 가장 강한 감정이 지배하는 콘티인 것이다.

194

c. 음악의 연장

이러한 콘티에서는 음악적 연장이 잘 사용될 수 있다. 특히, 여기서는 방언적 응답을 충분히 할 수 있는 그러한 연장을 사용할 수 있다. 또한, 충분히 기도함으로 성령의 임하심이 실제적으로 일어나는 것을 목표로 음악적 연장은 최대한 사용될 수 있다. 특히, 은사적 경향을 강화할 경우 말씀의 시간까지도 침범할 정도로 음악의 연장은 활발히 사용될 것이다.

다. 예배 커뮤니케이션 시행을 위한 List Check up

a. 대화방법

전체적으로 노래가 사용될 것이지만, 기도하는 방법을 많이 사용할 수 있다. 또한, 연주를 통해서 기도할 수 있도록 돕는 방법도 많이 사용할 수 있다. 묵상하고는 다른 통성기도와 연주가 대화의 방법으로 많이 등장할 수 있다.

b. 대화의 방향

경배의 계시는 물론, 경배의 응답의 순서에서도 간구로 하나님을 향하여 올리지만 결국은 하나님의 열납에 이어 이차적으로 성령의 역사하심이 임하는 케리그마적 방향이 강하겠다. 이러한 경우는 경배의 주제적 계시와 케리그마적 방향이 지배적인 전형적 콘티라 하겠다.

195

c. 찬양의 시행 방법

대부분의 순서에서 찬양의 시행은 다같이 부르는 방식을 선택할 수 있겠다. 예배자 각자가 자발적으로 또한 능동적으로 성령의 역사하심을 체험하는 또한 예배공동체가 함께 성령의 역사를 체험하는 것을 목적으로 하고 있기에 찬양의 시행은 다같이 하는 방식으로 이루어지는 것이 보통이겠다. 다만, 경배의 계시와 응답에서 이차적 계시로 이어진다면 그러한 이차적 계시에서 대표자가 예언적 선포를 하는 경우는 대표자를 두는 방식이 등장할 수 있겠다. 그러나, 이러한 경우를 제외하고는 다같이 하는 방식으로 대부분 구성될 것이다.

4

주제 : 선교에로의 헌신

콘티 : 주품에 품으소서 - 능히 너를 보호하사 - 예수 감사하리 주의 보혈 - 돌아서지 않으리 - 주 위해 나 노래 하리라 - 주님 다시 오실 때까지 - 주님 내가 여기 있사오니

가. 구조정립을 위한 List Check up

a 전체 구조

국면 구분			찬양 적용
감사국면	모임국면	계시-임재약속	
		반응	
		응답-모임	
		열납	
	나아감 국면	계시-부르심	
		반응	
		응답-나아감	주 품에 품으소서
		열납	
찬양국면		계시-선포찬양	능히 너를 보호하사
		반응	
		응답-높임찬양	예수 감사하리 주의 보혈 돌아서지 않으리
		열납	
경배국면		계시-주제적계시	
		반응	
		응답-경배적 높임찬양	주위해 나 노래 하리라 주님다시 오실때까지 주님 내가 여기 있사오니
		열납	

콘티의 구조와 계시와 응답에 대한 분석

전체적으로 찬양이든 경배든 응답이 강조된 콘티이다. 소위, 레이
투르기아 찬양이 중심이 되는 높임 찬양스러운 찬양과경배의 콘티이
겠다. 주제적 계시가 없는 듯하나 이는 주제적 계시가 없는 것이 아
니라, 암시적으로 계시되고 있다고 보아야 할 것이다. 왜냐하면, 오늘

197

의 주제가 선교에로의 헌신이기에 특별히, '헌신하라' 라는 노래를 하지 않을 것이면 멘트로 처리하고 응답으로 삶을 드릴 것을 노래하는 것에 집중하는 것이 주제적 계시를 주제적 계시답게 오히려 만들 수 있기 때문이다. 이처럼, 응답이 강조될 수밖에 없는 주제들이 있다. 예를 들어 "찬양받기 합당하신 주님', '삶을 드린다는 것' 등의 응답적 주제가 그러하겠다. 이러한 경우는 이렇게 응답을 강화하는 것이 그 주제를 주제답게 만드는 것이 된다. 그러므로, 이 콘티는 계시가 없는 것이 아니라 암시적으로 헌신할 것을 나타내고 있고 응답게 중점을 두어 진행하고 있는 콘티로 보아야 옳다.

감사의 국면에서의 '주 품에'와 찬양의 국면에서의 '능히 너를' 두 곡은 자연스레 연결된다. 즉, 여기서는 감사의 국면과 찬양의 국면이 큰 구분 없이 이어져서 자연스레 연결되고 있다. 오히려 찬양의 국면에서의 응답 찬양 때에 음악적 특징으로 인해 무언가 구분이 있는 것처럼 보인다. 하지만, 이는 음악적인 상황에 한한 해석이 되겠다.

b. 주제의 영향 정도

주제적 계시의 영향은 보통의 경우라 하겠다. 찬양의 국면 등에서 헌신에 대한 내용이 강하게 등장하지 않고 있다. 경배의 국면에서만 헌신이 등장하고 있다. 그러므로, 찬양의 국면에서 경배의 국면으로 넘어가면서 또는 넘어간 어느 시점에서 주제적 계시를 위한 멘트를 해주어 돕는 것이 적당할 것이다.

c. 순서의 적용 정도

주제적 계시가 암시적으로 숨어 있으나 멘트로 처리하면서 또는 그에 대한 응답중에 주제적 계시가 암암리에 이루어진다. 암시적 순서로 숨어 있지만 오히려 주제적 계시가 암암리에 더 크게 이루어지도록 하는 독특한 콘티라 하겠다.

나. 음악적 체험을 위한 List Check up

a. 음악적 강도

(1)의 경우와 비슷한 상황이겠다.

b. 임재경험의 감정적 체험

감정적으로는 헌신이기에 경배의 국면에 비장함이 서려 있다. 찬양의 국면은 기쁨의 감정이 지배적이다. 여기서의 기쁨은 구원의 기쁨과 함께 주님 앞에 삶을 드리는 것에 대한 기쁨이기에 다소 차원 높은 기쁨이라 하겠다.

c. 음악의 연장

이러한 콘티에서는 음악적 연장이 그다지 사용되지 않는다. 하지만, 결단 할 수 있는 시간을 주는 것은 있을 수 있겠다. 감사의 국면에서는 음악적 연장이 사용될 수 있겠다.

다. 예배 커뮤니케이션 시행을 위한 List Check up

a. 대화방법

앞선 예와 마찬가지로, 전체적으로 노래가 사용될 것이지만, 기도하는 방법을 많이 사용할 수 있다. 또한, 연주를 통해서 기도할 수 있도록 돕는 방법도 많이 사용할 수 있다. 결단과 헌신을 돕기위해 묵상하고는 다른 통성기도와 연주가 대화의 방법으로 많이 등장할 수 있다.

b. 대화의 방향

대화의 방향은 레이투르기아의 방향이 지배적이다. 즉, 응답이 지배적이다. (3)의 경우와는 정 반대의 콘티인 것이겠다.

c. 찬양의 시행 방법

대부분의 순서에서 찬양의 시행은 다같이 부르는 방식을 선택할 수 있겠다. 다함께 헌신을 결단하는 마음으로 찬양하기에 대표를 두는 것보다 자신의 입으로 시인하여 고백하도록 하는 것이 적당하기 때문이겠다.

⑤
주제:구주 예수

콘티: 주발 앞에 나 엎드려 - 왕되신 주께 감사하세 - 예수 만물의 주 - 주님 곁으로 - 주님은 내호흡 - 예수 거룩한 기름 부음 받은 - 할렐루야

찬양이 하늘에 닿다

가. 구조정립을 위한 List Check up

a. 전체 구조

국면 구분			찬양 적용
감사국면	모임국면	계시-임재약속	
		반응	
		응답-모임	
		열납	
	나아감 국면	계시-부르심	
		반응	
		응답-나아감	주 발 앞에 나 엎드려
		열납	
찬양국면		계시-선포찬양	
		반응	
		응답-높임찬양	주 발 앞에 나 엎드려 왕되신 주께 감사하세
		열납	
		계시-선포찬양	예수 만물의 주
		반응	
		응답-높임찬양	
		열납	
경배국면		계시-주제적계시	예수 만물의 주
		반응	
		응답-경배적 　　　높임찬양	주님 곁으로 주님은 내 호흡 예수 거룩한 기름부음 할렐루야
		열납	

콘티의 구조와 계시와 응답에 대한 분석

전체적으로 감사와 찬양과경배의 구분이 무색할 정도로 예수님이 란 주제를 가지고 하나로 연결되듯이 콘티가 짜여 있다. 그리고, 응 답이 강한 콘티이다. 소위 전형적인 높임중심의 콘티로 가장 찬양과 경배다운(?) 콘티로 불릴 수 있는 콘티이겠다.

'주발 앞에' 곡은 감사의 역할과 동시에 찬양의 역할을 하고 있다. 사실상, 거의 감사의 역할은 생략이 된 것으로 보이고 바로 찬양의 국면으로 시작되는 느낌이다. 그러나, 예배학적으로 감사의 역할은 암시적으로 존재하거나 멘트 등을 통해서 이루어지고 있는 것으로 잡아두어야 옳겠다.

'예수 만물의 주' 곡도 찬양의 계시의 역할과 동시에 또한 경배의 계시의 역할을 하고 있다고 볼 수 있다. 이렇게 찬양의 계시의 주제 와 경배의 계시의 주제가 거의 일치하거나 동일시되는 형태의 콘티 가 있을 수 있다. 그것은 예수님의 어떠하심에 대한 즉, 일반적 기독 론적 주제적 계시인 경우에 많이 등장한다. 그래서 이 구조는 마치 다음과 같아 보인다.

감사	찬양	경배
→	↓	↑
나아감	계시	응답

실제는 이렇게 진행되는 것처럼 보여도 예배학적으로는 그렇지 않

찬양이 하늘에 닿다

다. 아무리 모호하다 하여도 찬양과경배를 계시와 응답으로 잘 구분하여야 한다. 그래야 온전한 계시와 응답을 이룰 수 있다.

b. 주제의 영향 정도

주제적 영향의 정도가 가장 강한 콘티라 하겠다. 모든 순서에서 주제적 계시가 나타나고 있다. 전체 콘티가 주제를 계시하며 선포하고 있는 것이다.

c. 순서의 적용 정도

순서적으로는 감사가 약하고 찬양과경배가 균형을 이루고 있다. 주제적 계시가 전 순서에 나타남으로 경배의 순서가 시간적으로 지배적이지 않다. 즉, 주제적 영향은 강하지만 순서의 적용정도는 보통인 경우이겠다.

나. 음악적 체험을 위한 List Check up

a. 음악적 강도

하강진행을 하고 있다. 스피드도 빠르다 느려지고 있고, 파워도 높다 낮아지고 있다. '예수 만물의 주' 노래를 몇 번 반복하다가 후렴에서 느려져서 느리게 부르며 다음으로 연결하여 갈 수 있겠다.

b. 임재경험의 감정적 체험

경배국면에서의 감정은 경외함이다. 하나님께 친밀함보다 경외함과 존경함을 가지는 것이다.

c. 음악의 연장

이러한 콘티에서는 음악적 연장은 최고조에 이를 수 있다. 소위 경배적 응답 찬양의 음악적 연장인 Spontaneous song을 하게 된다. 하나님께 영적으로 경외함을 올려드리며 그분께 경배하는 것이다. 방언으로, 더 나아가 전인적으로 하나님을 높여드린다. 이를 위해 음악이 즉흥적으로 연주되고 연장된다. 음악적 연장과 함께 기획적 연장까지 동원되어 이차적 또는 다차적 계시와 응답적 얼마든지 일어날 수 있고 장시간에 이어질 수 있다.

다. 예배 커뮤니케이션 시행을 위한 List Check up

a. 대화방법

경배의 국면에서 방언의 방법이 많이 사용될 수 있는 콘티라 하겠다. 그 외의 다양한 방법들도 동원 될 수 있겠다.

b. 대화의 방향

대화의 방향은 레이투르기아의 방향이 지배적이다. 특히, 경배적 응답이 지배적이다. 물론, 더 나아가 이차적 또는 다차적 계시와 응답이 일어나게 되면 대화의 방향은 케리그마적 방향과 레이투르기아적 방향이 반복적으로 등장하게 될 것이다.

c. 찬양의 시행 방법

경배의 순서에서는 다같이 하되 개인적으로 하도록 할 것이다. 은사적 경향이 강할수록 개인적으로 경배적 응답을 창조적으로 하도록 독려하게 될 것이다.

2. 본인의 앨범 'My Purpose'의 콘티 분석

	콘 순서	찬양과정배치적 의미	곡 내용 및 사용 설명
감 사 곡 편	일어나라 백성들아	· 감사의 콘티 중 모임의 곡 · 모임의 콘티 중 제사로써 임하심의 의속 즉, 예배 모임인 이 시간 이 곳에 임하셔서 지금과 이곳을 만남의 특별한 시간과 장소 바꾸시는 주님의 은혜 이것을 예배적 임재라 한다.	· 사실상, 이곳은 보편적 임재에 근거한 구원적 임재 역속에 대한 선포적 찬양이겠다. 그러나, 그러한 구원적 임재를 소유한 자들이 함께 모여서 다시온 하나님의 은혜를 기억하므로 하는 목적으로 이 찬양을 응용하여 예배적 임재의 찬양으로 사용하고 있다.
	축제의 예배	· 감사의 콘티 중 나아감의 곡 · 나아감의 콘티 중 제사로써 부르심과 응답으로써 나아감이 그려고 더 나아가 믿음 찬양의 혼합 · 현재의 복잡성 속에 다양한 혼합 적용이 나타날 수 있다. 여기서는 부르심과 나아감의 콘티마 높아진양의 콘티의 혼합되어 진행되는 모습을 보여주고 있다. 신학적 이해함이 바탕 되어 있다면 이러한 복잡성 맞 혼합은 문제가 아니라 새로움이란 보여야 할 것이다.	· 이 노래는 하나님께서 구원받은 백성을 부르시고 계심과 세상에 서 슬리하는 주의 백성들이 그 부르심에 응답하여 나아오는 모습 그리고, 나아와서 높인찬양을 하는 모습을 나타내고 있다. 여기서는 모임 다음 곡인인 나아감의 콘티에 이 노래가 아주 적절한 노래이기에 사용하고 있다. · 인도자는 하나님 임재 나아가 하나님을 만날 기대감 절단을 촉구하는 표현을 해주어야 할 것이다.
찬 양 곡 편	온 땅 다스리시는 주님	· 찬양의 콘티 중 계시 상향 · 계시 상향으로써의 선포적 찬양이다. 하나님의 어떠하심을 선포로 찬양하고 있다.	· 온땅 다스리시는 예수님에 대하여 선포하는 찬양이다. 이는 전형적인 선포적 찬양으로 이를 제시로 사용하고 있다.
	나의 영혼 간절히	· 찬양의 콘티 중 응답 곡 · 응답곡으로써 하는 바향성을 가진 응답곡과 하나님을 향하는 찬양 및 결단적 찬양 하나님을 향하는 찬양이다. 그것은 맘 그대로 높여 드리는 높은양과 간구하는 간구 찬양 그리고 결단을 올려드리는 결단 찬양이다. 한 편, 두 가지 이상이 혼합되어 표현될 수도 있다. 이도 역시 문제가 아닌 새로움으로 보아야할 것이다.	· 이 노래는 주님을 얼마나 만나기를 그래서 주님을 닮아가기를 소 원하는 찬양이다. 선포팀 주님께 더욱 나아가 그를 만나고 닮고자 하는 응답적 찬양으로 적절하기에 사용하고 있다.

경배국면	참 사랑과 은혜의 주님	· 경배의 국면 중 제시 국면 · 경배에 제시 국면은 주체 제시국면이다. 오늘 이 시간 이곳에 세틀계 제시는 하나님의 메시지와 만지심이다. 예배의 개념이 아닌 예배 구조로써의 경배는 이렇게 임재의 경배적인 유무가 아닌 주체적 제시가 나타남에 근거하여 구분되어지는 것이 예배적으로 옳다. 또한, 경배는 주체적 제시와 이에 대한 품으임으로써의 경배로 구성된다.	· 이 찬양은 긴구의 찬양으로 결과적으로 케리그마가 되는 찬양이 됐다. 사랑과 은혜의 주님께서 나의 영혼을 붙드시사 새생명으로 살아갈 수 있도록 그리고 늘겁게 살아갈 수 있도록 하여 주실 것을 긴구하고 있다. 오늘의 주체는 바로 이러한 예수님이신 것이다.
	목적이 이끄는 삶	· 경배의 국면 중 응답의 국면 · 응답 국면으로서 높이 찬양을 하고 있다. 경배 중 높이 찬양은 찬양 중 높이 찬양과 구분하여 경배찬양이라고 명칭코자 한다. · 이 시간 세틀게 맞춤하시고 만지신 주님을 다시금 높여 드리는 것이다. · 응답은 세 가지 상황이 있을 수 있다. 그것은 찬미, 감탄(경외), 그리고 헌신이다. 이 국면은 찬미에 해당하는 것이겠다.	· 나의 삶의 목적이신 주님께 삶을 드리며 결단하는 찬양이다. 경배의 응답으로서 이 노래를 사용하고 있다.
	영방만족을 향한	· 경배찬양2 · 이 국면 경배찬양 중 감탄적 숭촉(ADMIRATION)에 해당한다.	· 온 민족이 주를 경배할 것을 선포하는 내용과 그 민족의 응답으로 경배하는 내용이 이중적으로 들어 있는 찬양이다. 이중 응답적 내용에 무게를 두어 응답적 경배찬양으로 사용하고 있다. · 특히, 힘이 있는 곡이기에 ADMIRATION에 사용되고 있다.
	FACE DOWN	· 경배찬양3 · 이 국면 경배찬양 중 경외적 경배(ADORATION)에 해당한다.	· 이 찬양은 주님의 위엄 앞에 엎드릴 수 밖에 없음을 고백하고 그 주님으로부터 상처 해주시길 간구하는 전형적인 경배찬양 높이 찬양이다. 그리하기에 ADORAITONDM에 사용되고 있다.
찬송국면	마지막 날에	· 찬송의 국면 중 제시 국면 · 찬양과경배로만 이루어진 예배에 행매이기에 찬양과경배 뒤부분에 찬송의 부분을 넣을 수 있겠다.	· 세상에 나아갈 때 성령이 함께 하셔서 능혜으로 승리하는 삶을 살 수 있음을 선포하는 마음으로 이 찬양으로 이를 사용하고 있다.
	잉여나라 주의 백성	· 찬송의 국면 중 응답 국면 · 성령이 함께 하셔서 승리케 하심에 대한 응답으로 일어나 빛을 향할 것을 결단하는 것이다.	· '잉여나라 백성들아' 찬송은 다양하게 사용될 수 있겠는데 그중 마음의 찬양으로 사용되고 있다. 더욱이 빛을 향할 것을 명령하여 제시하는 것으로 사용하는 것이 아니라 빛을 향할 것을 향한 응답의 찬양으로 사용하고 있다.

207

3. 찬양 인도자 멘트 자료

(1) 모임관련 멘트

가, "할렐루야! 살아계신 주님께서 이곳에 함께 하십니다. 주의 임재와 영광을 선포하며 주님을 찬양합시다." '모든 열방 주볼 때까지'를 찬양한다.

 – 하나님을 높이는 상황이 혼합되어 있지만 여기에서의 주된 상황은 모임의 상황이다. 그것도 모임의 계시가 강조된 경우이다. 그러므로 하나님께서 자신의 약속을 따라 이곳에 예배적으로 임재하고 계심을 인식시키는 것이 중요하다. 이곳에 계시다고 선포하던지 질문을 던질 수 있다. 예를 들어 "주님께서 우리와 함께 이곳에 계심을 믿으십니까?"라는 질문을 던진다.

나, '성령이여 내 영혼을' 찬양한다. "이 시간 성령님이 우리와 함께 하십니다. 주님과의 만남을 기대하며 우리의 마음 문을 열고 고백합시다."

 – 이 경우는 성령의 임재를 간구하는 상황이다. 즉, 임재 약속에 따라 성령님께서 이곳에 예배적으로 임하도록 구하는 것이다. 이는 기원이라는 전통적인 예배 요소이다. 기원은 성령님의 임재를 간구하지만, 결국은 예수님과 하나님 아버지의 임재를 구하는 것이나 마찬가지다. 삼위일체의 하나님이시기 때문이다. 그러므로, 예배적 임재는 다양한 표현이 가능하다. 예수님이 우리와 함께 계신다고 할 수도 있고, 하나님

아버지의 영광이 이곳에 가득하다고 할 수도 있고, 성령님이여 오소서라고 할 수도 있는 것이다. 중요한 것은 대표적으로 한분 하나님께 구하는 것이고 예배학적으로는 삼위일체 하나님의 예배적 임하심이 일어나는 것이겠다. 이때에는 모든 예배자가 삼위일체 하나님을 간절히 사모함으로 임재를 믿음으로 바라보도록 하는 것이 중요하겠다.

(2) 나아감 관련 멘트

가, "할렐루야! 주님 앞에 감사하며 기쁨으로 나아갑시다. 할렐루야!" '감사와 찬양 드리며'를 찬양한다.

　- 나아감의 응답의 순서로 부르심에 감격하여 기쁨으로 나아가도록 하는 것이 중요하다. 현재 예배자 자신의 상황이 어떠하던지 감사와 기쁨을 결정하고 주님을 바라보며 나아가도록 독려해야한다. 그래서 자신의 상황을 내려놓으라고 멘트 할 수도 있고 모든 것 위에 뛰어나신 주님을 바라보라고 멘트 할 수도 있다.

나, "우리의 소망이시며 생명이신 주님을 높이며 그분 앞에 나아갑시다. 다같이 환호성을 지르며 나아갑시다, 와~" '좋으신 하나님 인자와 자비 영원히'를 찬양한다.

　- 응답이 강조된 것의 최고의 상황으로 찬양의 상황과 자연

스럽게 연결되어 있지만 나아감이 강한 상황이다. 특히, 아주 높은 기쁨과 감격으로 나아가는 것이다. 이렇게 인도할 수 있는 근거는 JUBILATION에 있다하겠다. 즉, 희년의 기쁨, 부활의 기쁨으로 환호하며 돌아오는 신앙을 가졌기에 가능한 것이다. 인도자는 최대한 감정을 끌어올리도록 해야 한다. 함성을 지르도록 하든가, 기쁨의 소리를 발하도록 하든가하여 예배 공동체가 기쁨의 도가니가 되도록 해야 한다.

다, "주의 보혈에 의지하여 주를 바라봅시다. 이 시간 기도할 때, 주의 은혜를 구하며 갈급한 심령으로 보좌 앞에 나아갑시다. 오 주님~" '내 갈급함'을 찬양한다.

– 이 상황은 위의 경우와 정 반대의 경우로 최고로 저 감정을 사용하는 상황이다. 이를 역설의 감사, 역설의 나아감이라 하겠다. 즉, 우리의 연약함과 죄악된 모습을 볼 때 우리는 주님 앞에 나아가서 은혜를 받지 않으면 안 된다는 간절함과 갈급함으로 나아가게 되는 것이다. 인도자는 우리의 연약함을 바라보도록 우리모습의 현실을 강하게 언급할 수 있다. 예를 들어, "우리는 주님 없으면 안 되는 존재들입니다. 우리는 주님이 필요한 존재들입니다. 주의 은혜를 바라보며 나아갑시다." 등의 멘트를 해야 한다. 또는, 그러한 우리를 바라보시는 주님으로 방향을 전환하여 "주님만이 우리의 갈급함을 채우는 분이십니다. 주님만이 우리 삶을 은혜로 덮으시는 분

이십니다. 그분을 바라보며 나아갑시다."라고 멘트를 할 수
있겠다.

라, 'COME' 을 찬양한다. "다 같이 주의 보좌 앞으로 찬양하며 나아갑
시다"라고 중간쯤에 멘트 한다.

- 이는 주의 앞에 나아가는 것을 환기를 조성하여 독려하는
것이다. 즉, 주목시키는 효과를 가지는 것이다. 'COME' 과 같
이 정박에 박자를 일관적으로 두드리는 스타일의 8비트 노래
는 이러한 효과가 강하다. 첫 곡으로 주의를 환기시키며 하나
님 앞에 나아가도록 은근히 독려하는 상황을 만들고자 할 때
에는 이러한 곡을 잘 이용하면 좋다.

(3) 찬양관련 멘트
가. 찬양 중 계시 순서 관련 멘트
a, 예수 그리스도만이 우리 삶의 전부 되십니다. 그분을 찬양합시다!
'예수 만물의 주'를 찬양한다.

- 이 경우의 중점 사항은 예수님의 어떠하심을 선포하는 것
에 있다. 그러므로 물론 예수님을 높이는 상황도 혼합되어 있
지만 주요상황은 계시의 상황인 것이다. 예수님의 어떠하심
을 선포하기 위해 중간 중간 예수님이 어떠한 분이라는 추임
새를 멘트로 넣는 것도 효과가 있겠다. 또는 다함께 예수님이

211

어떠한 분이신지를 고백하는 시간을 갖는다든지 아니면, 예배공동체가 반응할 수 있도록 질문을 던질 수도 있겠다. 예를 들면 "예수님께서 정말 그러한 분이십니까?"라고 중간에 묻는 것이다.

b, 사랑이시며 소망이신 주님을 찬양합시다. 할렐루야? '나를 향한 주의 사랑'을 찬양한다.

　– 이 경우는 예수님의 어떠하심 중 속성보다는 성품에 초점을 맞추어 계시하는 경우이다. 나머지는 위의 경우와 같겠다.

c, 하나님을 찬양합시다. '여호와 우리 주여'를 찬양한다.

　– 예수님이 아닌 여호와 하나님의 어떠하신 지를 선포하는 것이다. 찬양을 할때 삼위일체 하나님을 한꺼번에 선포하는 삼성송 류의 찬양을 할 수도 있고. 아니면 예수님 또는 하나님 아버지 또는 성령님 한분에 집중하여 선포할 수도 있겠다. 이는 인도자가 잘 구분하여 집중력을 발휘하여야 할 것이다. 굳이 이를 구분하여야하는가? 라고 질문할 수 있겠지만 우리는 평생을 찬양한다. 그러므로 삼위일체 하나님에 대해서도 잘 구분하여 아는 만큼 새롭게 찬양하는 것이 예배자의 자세이다.

나. 반응을 하도록 하기위한 멘트

a, '나를 지으신 주님'을 찬양한 후, 음악적 연장을 통해서 그 계시가 내 것이 되도록 하는 시간을 준다.

> – 이 경우, 찬양의 계시가 예배자 각자에게 경험되는 것이 중요하다. 계시가 반응으로 화답되어야 하기 때문이다. 그러므로 인도자는 찬양을 마음을 다해 부르도록 우선 노력해야 할 것이다. 그것 자체가 반응을 하고 있는 것이기 때문이다. 그러나 충분하지 않다 생각되어지면 또는 더 충분히 반응하도록 하고 싶다면 음악적 연장을 사용하여 그럴 시간을 갖는 것이다. 이 경우, 훈련이 되어 있는 예배 공동체의 경우는 굳이 음악적 연장을 하고 있다는 전달을 할 필요가 없겠다. 그러나 그렇지 않은 경우는 멘트 해주어야 한다. 또는 기도 인도를 통해서 직접 알릴 수도 있다.

> 예를 들어, 첫째, 연주가 흐르는 동안 자신의 기도로 "예수님 정말 그렇습니다. 아멘 오 주님~" 이라는 추임새를 넣는다. 이는 간접적 반응 독려이겠다. 둘째, "이 시간 주님이 그러한 분인 줄로 믿으십니까? 주님은 정말 우리의 주인이십니다." "아멘" 이렇게 직접적으로 반응 할 수 있도록 독려할 수도 있겠다. 이 경우는 반응에 이어 응답까지 자연스럽게 연결된 상황이라 하겠다. 그러므로 이 경우는 바로 이어서 하나님의 높이는 응답 상황의 찬양 곡 들이 연결되어지면 될 것이다. 이

러한 경우를 직접적 반응독려라 할 수 있다. 셋째, "이 시간 기도합시다. 기도하실 때 간구의 기도가 아닌 하나님이 어떠한 분이시라고 자신의 영혼에 이러한 분이라고 고백하면서 기도합시다"라고 기도중에 계시에 대한 반응을 독려할 수 있겠다. 이러한 경우를 특별히 직접적 반응 독려와 구분하여 기도적 반응 독려라 하겠다.

다. 찬양중 응답 순서 관련 멘트

a, 만왕의 왕이신 주님께 소리 높여 찬양 합시다 '주 이름 찬양'을 찬양한다.

　　- 많은 경우는 계시적인 상황과 연관되어 구성된다. 그러나 분명 응답이 강조되는 것임으로 하나님을 높이는 것에 초점을 맞추어 인도하여야 한다. 즉, 방향이 세상이나 예배자를 향하는 것이 아니라 하나님을 향하는 것이다. 흔히들 이야기하는 찬양을 자신을 위해 하지 말고 은혜받기위해 하지 말고 하나님을 높이기 위해하라는 권면은 바로 이 상황에 맞는 것이다. 지금의 상황은 바로 하나님을 높이는 것에 온 힘을 써야한다. 인도자는 혹시나 예배자들이 고 감정을 사용함에 있어 자신들이 은혜를 경험하고자 찬양의 방향이 자신들이나 세상을 향해 있는 것이 보일 경우는 지체하지 말고 방향을 하나님께로 돌려놓아야 한다. 예를 들어, "여러분 이 시간 주님을 높입시다. 주님을 바라봅시다. 그분의 영광과 그분의 위

214

엄을 바라봅시다. 그리고 사랑이신 은혜이신 그분을 높입시
다. 주님의 주되심을 찬양합시다. 다 같이 손을 들어 찬양할까
요?"라고 할 수 있겠다. 방향이 하나님을 향하도록 인도하는
것이다.

b, '나를 향한 주의 사랑'이라는 찬양을 한 후, 음악적 연장 속에 계속
적으로 개인적으로 찬양하도록 시간을 둔다.

- 이 경우는 찬양과경배의 은사적 특징을 사용하는 것이라
하겠다. 앞선 음악적 연장을 통해 공부하였지만, 음악적 연장
은 이렇게 충분히 각 부분을 더욱 충만하게 하는 효과가 있
다. 그래서 예배자로 더 깊이 하나님과 사귐을 갖도록 하는
것이다. 마치, 애인과의 연애 속에서 시간이 늦어도 떠나보내
지 못하고 계속 함께 있고자 하는 것이나 같다. 정해진 시간
은 있지만 넘어서는 것이다. 아니 그럴 수밖에 없는 것이다.
그러므로 인도자는 이러한 음악적 연장 속에서 계속적으로
개인적으로 응답을 할 수 있도록 독려해야한다.

예를 들어. 첫째, 자신이 모범을 보여 읊조린다던지 즉흥적으
로 응답의 찬양의 고백을 하는 것이다. 이를 간접적 응답 독
려라 하겠다. 둘째, "함께 자신의 언어로 자신의 노래로 주님
을 찬양합시다. 그렇게 하길 원하십니까? 함께 주님을 높입
시다. 고백합시다. 할렐루야!"라는 멘트와 함께 직접적으로

215

동원하여 계속적으로 개인적으로 응답하도록 하는 것이다. 이를 직접적 응답 독려라 하겠다. 셋째, 기도를 시킬 수 있다. 이는 간구의 기도가 아닌 찬양의 기도이겠다. 이처럼 기도도 방향이 존재하는 것이다. 듣는 기도 찬양의 기도 침묵의 기도는 방법의 구분이기도 하겠지만 방향의 구분이기도 하다. 특별히 기도를 이렇게 구분하여 기도적 응답 독려라 할 수 있겠다.

라. 열납을 강조하기 위한 멘트

a, 음악적 연장 속에서, "하나님께서 우리의 찬양을 기뻐하십니다." 라고 고백하며 다함께 기쁨의 환호를 지른다.

　- 열납의 강조는 우선 인도자가 응답의 찬양을 열정을 다해 부르도록 하는 것으로 할 수 있다. 받으신다는 믿음이 없으면 신실하신 주님을 믿지 못하면 진심으로 높임 찬양을 하지 못할 것이기 때문이다. 다음으로, 음악적 연장 속에서 열납 되었음을 믿음으로 바라보면서 기뻐하는 것으로 할 수 있다. 지금의 예가 바로 그 예이다.

(4) 경배관련 멘트

가. 경배 중 주제적 계시관련 멘트

a, "이 시간 '두려운 마음 가진 자여' 라는 찬양을 하실 때 찬양의 가사

를 마음에 세기면서 찬양합시다. 주님께서 우리가 찬양할 때 임하셔서 역사하실 것입니다."

- 직접적으로 주제적 계시를 강조하는 것이다. 예배 공동체가 주제적 계시에 훈련되어 있지 않으면 이렇게 직접적으로 강조하는 것이 적절하다.

한편, 단순히 지적으로 깨달음만이 아닌 말씀 자체이신 예수님이 계시되기에 전인적으로 계시가 일어나겠다. 그래서 내적치유, 외적치유가 일어나는 것이겠다. 이점을 놓치면 안 된다. 계시를 단순히 깨달음 정도로 이해하면 안 된다. 앞선 공부에서 보았듯이 다양한 계시의 측면을 공부하여 적용할 수 있어야 할 것이다.

b, "우리 이 시간 한번 같이 기도하고 찬양합시다, 찬양할 때 예수님 앞에 더욱 삶을 드리며 주님과 동행하는 삶을 살게 해달라고 간구한 후에 찬양하도록 하겠습니다." 기도 후에, "주님 말씀 하시면"을 찬양하다.

- 찬양을 통해 계시가 충분히 전달되지 않았다고 느껴지면 이렇게 기도중에 직접적으로 계시가 되도록 할 수 있겠다. 상당히 많은 경우 사용될 수 있다. 중요한 것은 기도 가운데 주제적 계시를 예배자가 경험하도록 하는 것이다.

c, "세상을 향해 선포합시다. 신실하신 그리고 사랑이신 분은 오직 하나

217

님 한분이라고 그리고, 열방 민족들이 주님께 돌아 올 것에 대해 선포하고 명령하면서 찬양합시다." 라고 한 후, '물이 바다 덮음 같이'를 찬양한다.

　　– 이 경우는 예배공동체로써 세상을 향해 케리그마를 선포하는 것이다. 예배 공동체는 자신들에게라기보다 세상을 향해 선포하는 것이다. 이러한 방향과 주제적 계시를 많이 사용할 경우, 찬양과경배는 더 이상 그들만의 리그가 아닌 세상을 품는 찬양과경배가 되는 것이다.

　d, "이 시간 교회가운데 분리로 역사하는 사단을 대적하면서 강하게 찬양 합시다"라고 하면서, '로마서 16:19'을 찬양한다.

　　– 이 경우는 바로 영적 전쟁을 하는 것이다. 예배 공동체를 향해 선포하면서 하나님의 전능하신 손길이 어둠을 물리치시도록 전인적인 케리그마로 지금 역사하시도록 열정 다해 선포하는 주제적 계시상황인 것이다. 물론, 예배 공동체 안에 있는 어둔 세력을 대적할 뿐이라고 세상에 있는 어두운 세력에 대해 대적할 수도 있겠다. 이럴 경우는 세상을 향하는 주제적 케리그마가 되겠다.

　나. 반응을 하도록 하기 위한 멘트

　a, "이 시간 잠잠히 기다립시다. 주님께서 말씀하시도록 들읍시다."라고 말하면서, "오 주님, 예 주님, 아멘"등의 추임새를 통해서 적극적으로 반

응한다.

　　- 반응이 강조된 경우는 우선 주제적 계시가 강조된 찬양을
마음을 다해 부르는 것으로 할 수 있다. 부르면서 바로바로
믿음으로 화답하면 그것이 반응이 강조된 것이겠다. 그러나
음악적 연장을 통해서 충분히 반응 할 수 있는 시간을 줄 수도
있다. 간접적, 직접적 기도적 반응 독려를 사용해서 말이다.

다. 경배 중 응답 순서 관련 멘트

a, "이 시간 주님 앞에 엎드립시다. 우리에게 말씀하신 영광의 주님 앞
에 경배합시다."라고 한 후, '왕이신 나의 하나님'을 찬양한다.

　　- 이는 경배 중 ADORATION에 해당하는 것으로 최대한 겸손
한 태도와 마음의 자세로 그리고, 모든 행동 속에서 가장 겸
손할 수 있는 행동들로 주님을 높여드리도록 직접적 응답독
려를 하고 있는 것이다. 손을 들 수도, 엎드릴 수도 완전히
부복 할 수도, 무릎을 꿇을 수도 있겠다. 인도자는 예배자들
이 자신들의 겸손한 행동으로 온전히 응답하도록 독려하여
인도해야할 것이다.

b, "광대하신 주님의 이름을 송축하며 다함께 전심으로 경배합시다! 할
렐루야"라고 말한 후, '비전'을 찬양한다.

　　- 이는 경배 중 ADMIRATION에 해당하는 것으로 최대한의

감격을 가지고 그 분을 높여 드리도록 직접적 응답독려를 하고 있는 것이다. 모든 행동을 동원하여 그분을 높이게 하라, 손들 들던가, 감격에 겨워 뛰든가, 아니면 역설적으로 눈물을 흘리도록 말이다. 이러한 고경배가 고감정을 사용한 고찬양과의 차이가 있다면, 주제적 계시에 감동하여 응답한다는 것 외에는 없다고 볼 수 있겠다. 이처럼, 찬양국면과 경배 국면은 사실상, 노래로 구분되기보다 이렇게 역할로 구분이 되는 것이겠다. 그러므로 인도자는 찬양중 높임찬양은 찬양의 일반적 계시에, 경배중 높임찬양은 경배의 주제적 계시에 온전히 응답하도록 인도해야 할 것이다.

c, '이와 같은 때엔'을 찬양 하면서, "이 시간 하나님 품에 안겨서 이 찬양을 다시 부릅시다. 주님께 사랑을 고백 드리십시다."

 - 이 경우는 경배 중 INTIMACY를 하도록 하는 직접적 응답독려이겠다. 찬양의 방향에 있어서 많은 경우는 한 방향만이 존재하기보다 양방향이 같이 존재한다. 즉, 사랑의 경우를 예를 들면, 하나님께서 우리를 사랑하시는 계시와 우리가 하나님을 사랑하는 응답이 함께 존재하는 것이겠다. 그래서, INTIMACY의 경우는 양방향을 같이 언급할 수 있겠다. 그러나 이 경우도 어떤 방향을 좀 더 집중하여 적용 할 수 있다. 여기서처럼, 품에 안기어 사랑받는 것은 계시겠지만, 안기어 기뻐하는 것은 반응이고 안겨서 사랑을 고백하는 것은 응답

이겠다. 또한, 우리의 고백을 기쁘게 받으시는 것은 열납이다. 그러므로, 응답이 강조되는 여기서는 사랑고백에 집중하여 하나님께 고백하는 것에 힘을 다하도록 인도자는 인도할 수 있겠다. 이러한 사랑의 상황에서의 방향을 구분하여 집중하는 훈련은 고난도의 훈련이면서 대단히 중요하다.

d, "이제 우리의 삶을 그분께 드리며 말씀대로 살겠다고 결단하면서 고백합시다. 경배 받으시기 합당하신 그분께 우리 삶을 드리며 나아갑시다. 할렐루야"라고 한 후, '십자가의 길 순교자의 삶'을 찬양한다.

 - 자신을 드리는 경배의 응답을 직접독려하는 상황이다. 이 경우는 단순히 노래로 마음을 올리는 차원이 아니라, 자신을 자신의 생명을 드리는 차원이다. 이러한 결단이야 말로 WORSHIP이라는 단어의 의미처럼 최고의 가치인 나의 생명을 드리는 진정한 경배적 응답이겠다. 다만, 주제적 계시에 대한 헌신과 선교에로의 헌신을 구별하여 인도하기 바란다. 주제적 계시에 대한 헌신은 오늘의 주제적 계시가 내 안에 이루어지도록 삶을 드리는 것이고 선교에로의 헌신은 주제적 계시 중 하나일 수 있는 선교라는 내용에 대한 헌신이다. 주제적 계시에 대한 헌신을 선교에로의 헌신으로만 여기면 안될 것이다. 왜냐하면, 주제적 계시의 내용에는 다양한 모든 내용이 포함되기 때문이다. 선교에로의 헌신은 그중 하나에 불과한 것이다.

라. 열납을 강조하기 위한 멘트

a, "이 시간 경배 할 때, 여러분이 할 수 있는 최고의 경배를 올립시다. 손을 드시든지 무릎을 꿇으시든지 여러분이 할 수 있는 최고의 태도로 주님을 경배하며 계속하여 나아갑시다."라고 이야기한 후, '할렐루야' 찬양을 한다. 그리고 음악적 연장을 이어간다.

> – 이는 ADMIRATION적 응답과 이에 이어지는 음악적 연장 속에서의 응답을 독려하는 직접적 응답독려가 되겠다. 경배의 응답의 경우는 그 순서에 멈추지 않고 계속적으로 충분히 응답할 수 있도록 연장되는 경우가 많다하였다. 물론, 계시와 응답의 구성을 가지고 연장될 것이다. 인도자는 '할렐루야' 찬양과 음악적 연장을 통해서 계속적으로 ADMIRATION을 충분히 할수 있도록 인도하고, 또한, 이어질 음악적 연장 속에서의 다차적인 계시와 응답의 등장을 격려하면서 인도해야할 것이다.

b, 음악적 연장 속에서, "하나님께서 이 시간 제 마음에 주시는 말씀은 위로의 말씀입니다. 하나님께서 우리의 상황을 다 아신다 하십니다. 걱정하지 말고 기도하라고 하십니다. 이 시간 주시는 생각에 감사하며 믿음으로 반응하고 응답합시다. 할렐루야"

> – 이 경우는 경배의 열납 상황뒤에 일어나는 이차적 계시와 응답에서 계시에 해당하는 것이겠다. 특히, 대표자를 통해서

계시되는 경우이다. 또한, 예배자 각자에게 계시되도록 시간을 주는 형식도 있겠다. 대표자를 세우는 경우는 예언의 은사가 사용되는 것이다. 성령의 인도하심을 따라 인도해야 할 것이다.

(5) 파송의 실제

찬양과경배로만 이루어지는 예배를 위해 파송까지를 다루어 본다.

가, "주 예수님의 은혜와 하나님 아버지의 사랑과 성령님의 교통하심이 모두에게 있을 지어다." "아멘"

    – 이는 일반적 축도로 대표적인 파송의 계시 상황이겠다. 축도는 바로 세상을 향하여 나아가는 공동체에게 하나님이 함께 하신다는 격려와 축복인 것이다. 파송의 계시 상황에서 보내심을 통해 흩어지는 자들에게 격려와 축복을 계시하는 것이다. 이는 전인적으로 다가가 그들에게 힘과 능력이 될 것이다.

나, "하나님께서 우리를 보내십니다. 이제 오늘의 말씀을 가지고 다함께 세상으로 나아갑시다. 서로를 바라보면서 한번 격려와 인사들을 나누시겠습니다." 인사 후, "이제 다함께 일어나 찬양하겠습니다"라고 한 후, '목적이 이끄는 삶'을 찬양한다.

    – 이는 파송의 상황에서 계시의 상황과 응답의 상황이 섞여

있는 것이다. 보내심의 멘트와 이에 대한 응답으로써 찬양을 하는 상황이다. 이제 이러한 고백에 이어 축도가 이어지고 흩어짐의 행동을 통해서 계속적인 응답을 하는 것이겠다.

찬양이 하늘에 닿다

이 / 글 / 을 / 마 / 치 / 며

본 저서를 기술하면서 필자의 마음에는 나름대로 찬양과경배가 예배학적으로 올바로 설수 있었으면 하는 간절함이 있었다. 웨인라이트의 생각처럼 본인도 찬양과경배가 예배자들로 하여금 하나님과의 만남과 사귐 그리고 임재경험을 이루어 주님의 백성답게 되어져 가는데 가장 효과적인 예배적 도구라 생각한다. 찬양과경배를 잘 활용할수 있다면, 찬양과경배를 교회에 잘 접목시킬 수만 있다면 교인들의신앙과 영성의 삶은 커다란 발전을 가지게 될 것이라 확신한다. 예배가 살아야 교회가 산다. 교회가 살아야 나라가 산다. 특히, 현 시대한국교회의 모습을 볼 때 교회가 살아야 한다. 어둡고 힘든 세상에힘이 되지는 못할망정 욕을 먹어서야 어디 되겠는가? 그러한 결과가나오는 것은 신자들의 영성과 신앙에 힘이 없기 때문이다. 경건의 모양만 있지 경건의 능력이 없는 것이다. 정말 나누며 사는가? 정말 기쁨으로 헌금하는가? 정말 마음 다해 봉사하는가? 정말 아버지의 마음으로 전도와 선교를 하는가? 정말 안타까움으로 세상에서 빛과 소금이 되려 하는가? 그리고, 인간 스스로의 힘으로 이것이 되던가? 믿는 자는 하나님으로부터 은혜와 힘을 받아야 한다. 우리는 주님의 사랑과 능력으로 산다. 그러하기에 주님과 동행함이 없으면 아무 영향력도 미칠 수 없다.

예배는 바로 하나님과 동행함이고 사귐이다. 하나님으로부터 사랑과 힘을 공급받으며 그분으로 인해 기뻐하는 것이다. 예배를 온전히 드리는 주의 자녀만이 정말 영향력을 미치며 살 수 있다. 예배에 실패하면서도 영향력을 미치고 있다면 그것은 하나님의 영향력이 아닌 다른 것으로부터 부여받은 것으로 영향력을 주는 것이겠다. 그러한 영향력의 결과는 승리와 기쁨이 아니다. 오직 주님으로부터 부여받은 것으로 시작하는 영향력만이 승리와 기쁨을 부른다. 기독교 역사상 예배가 예배답지 못하여 믿는 자로 이러한 온전한 영향력을 미치지 못하게 하고 하나님의 백성답게 살지 못하게 한 경우가 참으로 많았다. 그러하기에, 역사이래로 예배가 타락하였거나 지적으로 흘러갔거나 오류가 있었을 때 예배가 예배다울 수 있도록 회개하고 갱신하는 노력이 늘 있어왔다. 찬양과경배는 바로 오늘날의 예배갱신이다. 20세기의 너무나 지적이던 예배, 너무나 형식적인 예배에 대해 회개하면서 개혁적으로 등장한 것중 하나가 찬양과경배이다. 찬양과경배가 어떻게 시작되었든 간에 결과적으로 볼 때 예배학적으로 장점이 풍부하다. 찬양과경배를 제대로 드릴 수 있다면 찬양과경배를 기존 예배로 잘 적용할 수 있다면 20세기 이후 있었던 예배에 대한 오류들은 상당부분 해소된다.

찬양이 하늘에 닿다

이에 본 필자는 찬양과경배를 예배에로 온전히 접목 시킬 수 있도록 찬양과경배에 대한 예배학적 이론과 실제를 세우는데 심열을 기울여 이 저서를 출간하게 되었다. 이러한 연구가 거의 처음이기에 본 저서의 저술은 쉽지 않았다. 그래서, 완벽하다고 말하지는 않겠다. 그러나, 찬양과경배를 공부하거나 기획하고자 하는 이들에게 적지 않은 지식과 영감을 줄 수 있을 것이라 기대해 본다. 아무쪼록 더욱 귀한 연구와 노력들이 등장하여 찬양과경배의 부흥, 예배의 부흥, 한국교회의 부흥, 온 땅의 부흥에 일조하기를 기도하는 바이다. 함께 이를 위해 헌신하고자 하는 모든 이들에게 사랑과 격려를 전하며 이만 줄이고자 한다.

뜨거운 상하이에서 **이천** 목사

부 ■ 록[48]

1. 찬양예배 및 찬양과경배의 구조 정립에 근간이 되는
예배학적 개념들에 대한 고찰

2. 전통적 예배 구조에 관한 고찰과 찬양예배 구조 정립

3. 찬양과경배의 구조 정립을 위한 고찰 -- 계시와 응답 적용

---

48) 본인의 논문 이천, 찬양예배와 찬양과경배의 구조 연구, 서울장신대학교 예배찬양사역대학원, 2006
년 12월 중 3장과 4장 그리고 6장을 수정보완하여 실었다.

Ⅲ. 찬양예배 및 찬양과경배의 구조 정립에 근간이 되는 예배학적 개념들에 대한 고찰

찬양예배 및 찬양과경배의 구조를 정립하는데 앞서 그 구조에 근간될 수 있는 임재 경험에 대한 고찰과 정립을 하고자 한다. Webber(1982: 13)는 '예배는 우리들이 하나님 의 인격과 그의 사역을 찬양하고 찬송하면서 하나님께 영광 돌리는 하나님과의 인격적 만남이다' 라고 하였다. 지글러(Segler)(1967: 12)는 '예배는 그리스도 안에서 가지는 하 나님과 사람과의 교제' 라고 하였다. 주승중(2002: 467-471)의 경우는 "예수 그리스도 안 에서 자신을 계시해 주신 하나님과 그 하나님 앞에 뜨겁게 응답하는 만남의 현장" 이라고 예배를 정리하였다. 이처럼 예배는 하나님과 예배자로써의 인간과의 만남으로 보통 정 의된다. 그렇다면, 하나님과 인간이 만난다는 것, 교제 및 사귐을 갖는다는 것은 무엇을 의미하는가? 또한, 예배에 있어서 하나님과의 만남이란 무엇을 의미하는가?

A. 하나님과 인간의 관계에 대한 인식론적 고찰

하나님과 인간의 관계 고찰을 위해 인식론과 종교심리학 등의 철학 과, 이와 관련된 신학적 내용을 살펴보고자 한다. 이는 결론적으로 다음의 두 가지,

첫째, 주관 대 주관의 관계라고 할 수 있다.

둘째, 성육신적 상상의 관계라고 할 수 있다.

로 정리되어 나갈 것이다. 결국, 이는 예배적 임재경험 이해에 대한 통찰을 제공하게 될 것이다.

1. 주관 대 주관의 관계

Buber와 Ebner의 실재성에 근거해 인식론을 펼친 한수환의 내용을 토대로 살펴 볼 때, 하나님과 인간의 관계는 주관 대 객관의 관계가 아닌 주관 대 주관의 관계이다(한수환, 2004: 106-169). 즉, 이 말은

첫째, 서구사회의 인식론인 주관 대 객관의 관계는 실재의 관계가 아니다(27-28). 즉, 인간이 판단의 주관이 되어 상대를 객관화시켜 기술을 가지고 진리개념을 형성할 때 이는 헬라식 사고로써 실재는 사라지고 실체만 남는다. 결국, 주관 대 객관의 관계는 인격적 실재적 관계가 아니다. 왜냐하면 실재성은 개념화 될 수 없기 때문이다. 그러므로, 내 스스로 주관이 되어 상대를 객관화하면 모든 것은 실체로만 남는다.

둘째, 실재와의 인격적 관계는 히브리식 사고로써, 정의 되어지는 것이 아니라 고백되어지는 것이어야 한다(27-28). 그러므로 '나' 라는 존재의 실재 즉, 내가 살아 있다는 실재성은 상대의 실재에 의해 고백되어짐으로 주어진다. '나' 는 상대로부터 고백되어지고 부름을 받으면서 비로소 인격으로써 주격이 되는 존재인 것이다(268).

셋째, 한편, 하나님은 '나' 와 '말' 이 통일된 유일한 존재이시다. 하나님에게서 말과 행위는 하나이며 같은 것이다(269). 유일한 '말' 이신 하나님, 인간이란 존재 및 생명은 그러한 하나님의 말 거심에 응답함으로만 실재가 된다. 그러므로, 인간은 듣는 존재이다. '하나님은 인간이 듣는 데서 일어나는 생명이시고 인간은 하나님이 말을 거는 생명이다(274).'

찬양이 하늘에 닿다

넷째, 인간이 하나님의 말하심을 듣도록 자신을 비우는 것이 신앙이다. 그리고, 거침없이 하나님이 내 안에서 일어나는 것이 계시이다(283).인간은 이렇게 하나님 앞에서 '나'이고자 하는 존재이고, 하나님이 계시되는 존재이다. 그러므로, 객관 대 주관의 관계가 형성된다(287). 그러나. 여기서 멈추지 않고 인간은 하나님의 계시와 부름에 응답하는 존재이고 또한 응답함으로 부르는 존재이다. 즉, 주관이 된다. 그러므로, 하나님과 인간의 관계는 주관 대 주관의 관계가 성립된다(288). 이 관계는 체험적 관계이기에 객관화되거나 개념화되어 지지 않는다(44).

다섯째, 설교는 이러한 말이신 주관적인 하나님의 자기 계시 및 자기 선포를 객관화하여 의사소통의 수단을 통해 전달하는 것이다(297). 이런 면에서 하나님의 선포는 절대적이지만 설교는 객관화되어 버린 절대적이지 못한 것이다. 그러나, 설교가 세상적인 문장 및 연설들과 다른 힘이 있는 것은 듣는 자가 신앙으로 듣기 때문이다(298). 이로 인해 상대적인 문장 및 설교를 절대적인 문장으로 바꾸어 놓는다. 즉, 예배를 포함한 설교는 하나의 의식이 아니라 실존이 만나는 것이 된다(299).

여섯째, 실재의 관계는 주격과 호격뿐이다. 이는 내가 주격으로써 상대에게 말을 걸 때 상대는 말을 듣는 존재로 호격인 실재가 되고, 상대가 주격으로 말을 걸 때 말을 듣는 존재로써 내가 호격으로 실재가 된다(306). 이러한 생명과 생명의 만남인 주격과 호격의 관계는 서로 마주할 때 가능한 것이기에 '지금'과 '여기'라는 존재적 인격적 현재적 시간적 공간에서 이루어진다(306). 즉, 주격과 호격의 만남으로 인해 시간과 공간이 창조되는 것이다(308). '지금'과 '여기'는 하나님과 인격적인 만남이 실현되면서 나에게 체험되는 고유한 시간으로써 '시간의 성취'라 말할 수 있다. 또한, '하나님의 오심의 시간'인 것이다(308). 이것은 영적인 시간으로써 부름과 응답 속에 현재로써 체험되는 고유한 하나님의 행위의 작용이다(307).

한편, 이는 실용적 신비주의를 주장하는 종교 심리학자 오츠(Oates)에게서도 하나님과 인간의 관계가 체험적 관계라는 동일한 주장이 제시된다(1973: 195).[49]

> 신비주의는 말로 표현될 수 없고 언어를 초월하는 특징을 가지고 있다. 자신의 신비한 체험을 고백하는 사람들마다 모두 이점에 동의하고 있다. 그러므로 신비주의를 추론적 또는 분석적으로 설명하려고 하는 것은 자기모순이라 할 수 있다. 따라서, 언어를 통해서 신비체험을 부분적으로나마 표현하기 위해서는 시, 산문시 또는 불을 통하는 듯한 예언 문학에 의지하지 않을 수 없다.

그는 더 나아가 "신비 체험처럼 신앙의 확실성을 틀림없이 보증해 주는 것은 없다"라고 말함으로 체험되어지는 주관적 관계의 중요성

---

49) 그는 기독교 신비주의에 하나님과 밀접한 관계를 맺고 있으나 독특한 개성을 지닌 정신 신체적 통일체로서 하나님과 완전 구별되는 존재라고 말한다. 또한, 자신의 몸이 성전으로 비유 될 만큼 물질이 악하지 않음을 이야기한다. 하나님과 늘 함께 해나간다라고 말하고 있다. 그러나. 그는 이러한 기독교적 신비주의를 넘어 삶속에서 삶의 작은 일에도 하나님의 개입하셔서 인간과 만난다는—이는 유대주의와도 대조되는 저 세상만을 바라지 않는 기독교의 성육신적 사상, 성령의 사역과 기독교적 세계관을 근간으로 정리된 것인 듯하다—실용주의적 신비주의를 주장한다.

찬양이 하늘에 닿다

을 역시 강조하고 있다(201).

또한, Moltmann(1991: 266)은 -루터(Luther) 말을 빌어- 신비적 신학은 경험의 지혜이고자 하지 이론의 지혜이고자 하지 않는다라고 말하고 있다. 또한, 신비한 경험의 신학은 언제나 말로 나타낼 수 없으며 전달 할 수 없는 하나님 경험에로의 길과 여행과 전이에 대하여 말하는 것이라고 하였다. 결국, 하나님과 인간의 관계는 체험적 주관적 관계라는 것이다.

그렇다면, 구체적으로 인간이 하나님을 어떻게 체험하고 경험 할 수 있는 것인가?

이종성(1999:614-715)은 Barth와 라너(Rahner) 및 Moltmann의 삼위일체론을 살펴보고 비판적 사고로써 결론 내리길 삼위일체의 이해는 일상의 지식이나 체험으로는 불가능하며, 4차원 즉, 로고스, 파토스, 에토스 그리고 미토스 모두를 포함한 '신지식'을 가져야만 초월적인 하나님과의 관계가 가능함을 주장한다. 즉, 지, 정, 의, 영까지를 포함한 체험적 지식을 의미하는 것이겠다. 이러한 신지식과 비슷한 개념을 언급한 사람이 박상진이다. 그는 '성육신적 상상'이라는 용어로 나름대로의 논지를 펴고 있는데, 하나님과의 체험적 관계의 이해를 위해 이를 살펴보고자 한다.

2. 성육신적 상상

Green은 인간의 상상에 대한 개념을 이야기하는데, 하나님을 알기 위해 인간은 상상을 사용한다고 말하고 있다(박상진, 2004: 232).[50] 그는 인간은 하나님께서 하나님의 은혜로 인간의 상상을 사용하실 때만이 계시의 내용으로서의 하나님의 형상을 파악할 수 있다고 하였다. 이는 Barth와 Brunner의 1934년 논쟁에 대한 해결책으로 내어놓은 이론이다. 그들의 논쟁의 내용은 Barth는 계시 없이 인간 본성은 하나님의 지식을 가질 수 없다라고 말하였다(225). 또한, 계시 그자체가 필수적인 인간 접촉점마저도 창조한다고 말하였다. 반면, Brunner는 인간이 계시에 의해 하나님을 알게 된다는 데에는 동의하지만 거기에는 계시에 대한 인간학적 접촉점이 존재한다고 주장하였다. 질료적 형상은 타락 시에 상실되었지만 형상적 하나님의 형상은 남아 있다는 것이다. 이것이 하나님의 은혜로의 접촉점이 된다는 것이다(225).

박상진은 이를 해결하기 위해 그린의 내용을 토대로 다시 성육신적 상상을 주장하는데,

첫째, 성육신적 상상은 계시와 신앙의 접촉점이다(246-247). 계시는 하나님의 자기 현현이고, 신앙은 하나님 알기이다. 즉 성육신적 상상의 자리는 하나님이 자기를 계시하는 자리이고 동시에 인간이 하나님을 알게 되는 자리인 것이다. 또한, 성육신적 상상의 내용은

---

50) Green이 주장하는 내용은

첫째, 상상 즉, '패러다임적 상상'은 계시의 내용이 아닌 자리이다(228). 신적 측면과 인간적 측면이 수반되는 자리, 즉, 하나님의 계시와 인간의 신앙이 만나는 자리이다(228-229). 이 패러다임적 상상은 당연히 악한 상상이 아닌 올바른 상상이어야 하기에, 충성스러운 상상이겠다(234). 즉, 이 패러다임적 상상은 기독교 교리 중에서 믿음 – 또는 신뢰– 에 해당하는 것이다(234).

둘째, 패러다임적 상상은 계시의 자리인 반면, 그 계시의 내용은 하나님의 형상이다(230). 결론적으로, 하나님의 계시를 위한 접촉점은 형식면에서는 패러다임적 상상력이고, 내용면에서는 하나님의 형상이다(231).

찬양이 하늘에 닿다

하나님의 형상이다. 이는 Green의 이야기와 다를 것이 없다. 즉, 인간은 상상가운데서 하나님을 체험적으로 알게 된다.

둘째, 이는 두 가지 조건이 있는데, 신적 차원에서는 하나님의 은혜와 성령의 역사하심 없이는 하나님을 알 수 없다는 것이다(246-247). 인간적 차원에서는 충성된 자세로 상상을 하여야 한다는 것이다. 즉, 충성된 상상이어야 한다는 것이다(246-247). 박상진의 은혜와 성령의 강조는 패러다임적 상상과는 다른 성육신적 상상만의 발전적 적용이겠다.

셋째, 성육신적 상상은 네 가지 성격적 특징을 가지고 있는데, 그것은 인격적, 공동체적, 상상적, 참여적 성격이다. 이는 박상진의 성육신적 상상의 핵심적 내용이겠다. 이에 대한 자세한 고찰은 박상진의 저서를 참고하기 바란다. 여기서는 논지를 벗어나는 범위의 내용이라 생략하고자 한다.

한편 이러한 신지식 및 성육신적 상상은 소위 렉시오 디비나 및 관상과 상당히 유사성을 가진다.[51] '깨달음을 얻기 위해서가 아닌 하나님의 임재를 느끼며 하나님을 사랑의 눈으로 바라보기 위해 관상기도를 한다' 는 송인설(2003: 124)의 고백은 이를 뒷받침해준다. 포스터(Foster)(1998: 47-94)는 이러한 류를 묵상의 전통으로 정리하면서, '임재 경험', '하나님과의 연합', '묵상적 사랑의 신령한 습관' 등의 단

---

51) 귀고 2세에 의해 체계화된 렉시오 디비나는 관상을 포함한 독서, 묵상, 기도, 관상이라는 4단계로 이루어진 하나님과의 일치를 추구하던 수도사들의 수행방법이다. 이에 대한 자세한 내용은 허성준의 책을 참조하라.

어를 사용하고 있는데, 이도 역시 성육산적 상상과 관련이 있다 하겠다. 즉, 성육신적 상상은 기독교 교육적 적용을 위해, 신비적 내용을 인식론적으로 고찰하여 얻어낸 결과적 단어인 것이겠다.

3. 임재 및 임재경험관련 개념 정립

이상의 인식론과 성육신적 상상관련 내용을 근거하여 임재와 임재경험에 대한 개념을 정립해 보면,

첫째, 하나님과 인간의 관계는 객관적이지 않은 주관적 체험적 관계이다. 철학적 고찰을 통해서 그분을 진정으로 알 수 있는 것이 아니다. 그분을 주관적으로 체험적으로 경험해야지만 그분을 알 수 있고 그분과 사귐을 가질 수 있다.

둘째, 이러한 주관적 체험은 하나님의 사랑에 근거한 하나님의 임재에 의해 주어진다. 즉, 하나님과 인간의 사귐은 전적으로 하나님의 권한아래 있다.

셋째, 하나님과의 사귐은 성령의 도우심속에 믿음을 갖고 상상을 할 때 이루어 질 수 있다. 이러한 상상은 성령의 도우심과 하나님의 주권적 임재를 근거하기에 성육신적 상상이라 칭하며, 또한, 믿음을 가지고 상상한다하여 충성된 상상이라고 명하여 진다. 이러한 성육신적 상상은 하나님과 인간의 만남이 일어나는 형이상학적 자리로 정의된다.

넷째, 인간이 믿음으로 상상할 때 어디든 어느 시간이든 그 시간 그 장소에 하나님의 오심, 즉, 하나님의 예배적 임재가 이루어진다.

즉, 성육신적 상상이 일어나는 형이상학적 자리는 물리적인 시간과 장소에 구애받지 않는다.

　다섯째, 이러한 상상은 명상, 관상, 관조, 신비적 일체라는 영성적 개념들로 세분화 되어 설명되어질 수 있다. Moltmann(279)은 이러한 신비적 체험의 과정을 잘 정리하여 설명해 주고 있다.

> '행동' 은 '명상' 으로 우리를 인도한다. 우리를 위한 그리스도의 역사의 '명상' 은 우리를 우리 안에 있는 그의 영의 현존의 '관조' 와 자신의 하나님의 형상의 '쇄신' 으로 인도한다. 관조로부터 '신비적 순간' 으로 의 길은, 엑하르트에서 인식할 수 있는 바와 같이, 하나님 때문에 일어나는 하나님 형상의 '지양' 으로 인도하며, 끝으로 하나님 때문에 일어나는 하나님의 지양으로 인도한다. 그 다음 영혼은 본향에 이르 며, 그 다음 사랑은 복되며, 그 다음 정열이 무한한 기쁨 속에서 끝나며, 그 다음 초대교회의 'Theosis'라고 불렸던 말할 수 없는 '신격화' 가 일어난다.

　본인의 정리로 다시 정리하면, 믿음을 가지고 성령의 도우심 속에 지, 정, 의, 영을 모두 사용하여, 첫 번째로 상상 또는 명상을 한다. 이는 하나님과의 만남을 여는 과정이겠다. 둘째로, 관상 및 관조를 한다. 이는 훈련이 뒷받침 되어야하고 허성준(129)이 이야기하는 항구성, 집요성, 되새김이 일어나는 과정이겠다. 상상이 일반 신자들에게 주어질 수 있다면 관상은 훈련된 자들에게 주어질 수 있는 것이겠다. 마지막으로, 신비적 연합이 일어난다. 이는 몰트만의 뜻을 따라 하나님과 신비적으로 연합되어 체험하는 순간을 의미한다하겠다. 즉, 임재경험 및 임재체험 되어지는 절정의 순간이다.

여섯째, 설교는 하나님을 객관화하지만 일반 연설과 달리, 믿음으로 받을 때에는 주관으로 하나님과 관계하도록 하는 통로가 된다. 이를 근거하여 생각해 볼 수 있는 것은, 개인이 하나님과 사귐을 가지려 할 때 성경이나 영적 도서를 묵상함으로 또는 기도문 또는 기승전결의 순서를 가진 기도순서를 통해서 영적 사귐을 위한 상상에 도움을 받고자 할 수 있다. 즉, 영적 체험을 위해 어떠한 매개체나 형식을 토대삼아 상상을 하려 할 수 있다는 것이다. 물론, 믿음으로 도움을 받을 경우는 이러한 것은 설교와 마찬가지로 주관적 체험적 만남을 가지게 하는 통로가 될 수 있을 것이다. 개인이 이러한 매개체나 형식을 사용하여 하나님과 사귐을 갖으려 하는 것을 개인 예배라 할 수 있겠다. 물론 개인의 영성을 광의적으로 개인 예배라 할 수 있다. 하지만 협의적으로는 보다 객관화를 이룬 이러한 것을 개인 예배라 정의 할 수 있겠다. 말씀 묵상 등이 이러한 예가 되겠다. 또한, 한 사람이 아닌 공동체가 함께 공동체의 문화를 토대로 한 하나됨의 형식을 가지고 하나님과 사귐을 가지려 하는 것을 바로 공동체 예배라 할 수 있겠다.

B. 공중예배에 있어서의 만남의 개념 고찰

그렇다면, 개인의 생활이 아닌 공동체적 예배에서 하나님의 임재경험은 개인예배와는 다른 어떠한 특징이 있는가? Webber(1994a: 111-117)는 주일예배경험원리 즉, 공동체적 예배경험원리에 대해 자신의 저서들을 통해서 많은 설명을 하였다. 특히, 그의 저서『Blended Worship』에서 예배갱신 원리의 집약이라고 할 수 있는 '주일예배경험원리'를 세 가지로 정리하여 이야기하고 있다.[52] 그것은

첫째, 예배는 예수님 중심의 축제로 예수님의 사건을 온전히 재현하는 것이어야 한다.

둘째, 예배에는 하나님의 행하심과 계시가 있어야 한다.

셋째, 예배에는 하나님의 행하심과 계시에 대한 회중의 반응이 있어야 한다.

이다. 특별히 두 번째, 세 번째 내용은 예배 안에 계시와 반응이 온전히 이루어져야 한다라고 통합할 수 있겠다. 이에, 위의 내용을 다시 집약하여 공동체 예배에서의 임재경험의 특징을 정리하면 다음의 두 가지로 이야기할 수 있겠다.

첫째, 공동체적 축제로써 그리스도 사건을 내용삼아 드라마적으로 재현함으로 경험한다.

둘째, 그 방법에 있어서 하나님과의 예배자의 계시와 반응을 통해 경험한다.

---

52) Webber는「Worship is a verb」에서 예배의 원리를 여덟 가지로 설명하고 있다. 또한, 그는 저서 『Blended Worship』에서 다시 통합적 예배갱신의 원리를 자세히 적용해 가면서 갱신의 원리와 통합 예배모델 등을 제시해 주고 있다.

이겠다. 이 두 내용은 하나님의 임재경험을 위해 공중예배라면 반드시 가지고 있어야할, 예배자들에게 제공되어야할 필수적 조건이라고 할 수 있겠다.

1. 공중예배의 임재경험의 특징 1
-그리스도 사건을 드라마적으로 재현하는 축제

공중예배는 개인적인 예배 및 삶의 예배와는 달리 여러 예배자가 함께 그리스도 사건에 대해 기념함으로 재현하는 경축의 장이다.[53] 개인 혼자는 그리스도 사건을 제대로 구성하여 재현할 수 없다. 즉, 경축할 수 없다. 이스라엘 백성이 자손들에게 하나님의 역사하심에 대해 절기 및 제사를 통해 기념함으로 가르치고 전달하였듯이 공동체적 예배는 그리스도 사건에 대한 재현과 전달 및 가르침이 존재한다. Webber(1994a: 109-110)의 'Lex Orandi Lex Credendi(기도의 법이 믿음의 법)'의 개념을 동원한, 하나님에 대한 가르침을 통해 하나님을 알도록 하는 것이 아닌, 예배를 통해서 하나님을 경험하도록 그리고 그러한 경험을 통해 하나님을 알아가도록 해야 한다는 이야기는 그러한 맥락에서의 설명이겠다. 예배는 그리스도 사건의 요약이며 재 반복인 것이다라는 그의(1982: 117-118)의 말도 마찬가지다.

그런 의미에서, 그는 예배의식들이 과거의 것을 현재적으로 재현하

---

53) 그는 예배를 예수의 죽으심과 부활에 대한 축제라고 말한다(1992: 28). 또한, 예수 그리스도 안에 있는 하나님의 구속 행위를 경축하는 것이라 한다(1994a: 55). 더 나아가, 예배의 개념 안에 사탄을 이긴 승리까지 경축하는 것을 포함시킨다(111).

는 공연 및 드라마라고 설명한다(1982: 123-147). 그는 공연을 재진술(Recitation)과 극(Drama)으로 구성되어 있음을 설명하면서 예배형식은 재진술인 성경봉독, 찬송, 설교, 그리고 극인 주의 만찬과 극의 모든 외적 요소들(External Elements)과 함께 공연되는 구조라 역설한다. 또한, 상징과 예술등 다양한 것을 사용하여 그리스도 사건을 드라마틱하고 반복적으로 구성할 것에 대해, 그래서 성도로 하여금 그리스도 안에 참여하게 할 것에 대해 강조한다.

그러므로, 공중예배는 개인예배와는 달리, 예수님의 구속사적 기독론적 내용을 중심으로 기승전결의 흐름을 가지고 재연함으로 임재경험을 제공하는 축제의 장이라는 특징적 개념을 가지고 있다하겠다.

2. 공중예배의 임재경험의 특징 2 – 계시와 반응

a. 예배의 두 가지 차원과 조화

화이트(White)(1990: 36-37)는 말하길,

> 우리는 두 가지 종류의 예배, 즉 공중예배(Common Worship)와 개인적 헌신을(Personal Devitions)을 분명히 구분지어 둘 필요가 있다…… 개인의 헌신은 공중예배나 교회적 예배와는 좀 다르지만 공중예배와 아무런 상관이 없다는 것은 결코 아니다. 참으로 개인의 헌신과 공중예배는 그리스도의 몸 된 우주적 공동체의 예배를 통하여 공유되는 것이므로 이 두 가지 예배는 상호보완적이다.

라고 하였다. 조기연(2002:69)은 "개인적 영성이 독거하는 가운데 개인으로부터 시작한다면, 예배의 영성은 교회라는 공동체에서 출발한다……. 그러나, 개인적 영성과 예배의 영성은 상보적이다.”라고 말하였다. 화이트와 조기연의 말에서 개인예배와 공동체 예배의 깊은 관계를 예측할 수 있다. 그러나, 이들의 이론에서는 아직 공동체 예배 안에서의 공동체적 영성과 개인적 영성의 상보적 통합적 관계에 대해서는 구체적으로 묘사되지 않고 있다. 반면, 예배학자 존스(Jones) (1954:17-18)는 예배의 예언적 요소와 제사적 요소를 이야기하면서 예배의 양 차원을 설명한다. 그는,

'제사적'이라 함은 제사장들이나 축제, 제의, 거룩한 장소 등을 통하여 하나님께 나아가는 것을 의미한다…… 그들에게 있어서 거룩함이란 의식적으로 완전한 것을 뜻하였다. 제사장들의 주된 관심은 예배에 있어서 외형적이고 형식적인 것에 있었다.

라고 이야기한다(17). 또한,

'예언적'이라 함은 하나님께 대하여 개별적, 직접적, 인격적으로 나아가는 것을 의미한다…… 그들은 주로 내적이고 영적인 일에 관심을 기울였는데, 그들의 주된 활동은 도덕적 판단에 호소하거나 예배자들의 의지를 움직여서 윤리적 삶으로 인도하는 예배에 전력하였다.

라고 하였다(17). 또한,

구약에 나타난 이 두 가지 요소를 서로 별개의 것처럼 나누어 생각하는 것은 그 상황을 올바로 이해하는데 적합하지 못한 것이라 하겠다. 이것들은 시작에서부터 거의 병존하였고, 그 존재의미에 있어서도 독자적인 것이 아니라 상호 연관된 것이기 때문이다.

라고 이야기 하였다(17). 이는 화이트와 조기연과 달리 공동체 예배 안에서의 공동체적 영성과 개인적 영성간의 긴밀성을 이야기하고 있는 것이라 하겠다.

Segler의 경우는 예배의 경험을 객관적 주관적 경험이라는 두 가지 차원으로 설명하고 있다. 그는 객관적 경험에 대해(99),

예배는 객관적 경험을 포함한다. 즉 이것은 객관적 내용을 가진다. 예배는 사람이 자기 자신과의 단순한 교제를 가지거나, 자기자신의 내적 감정과 욕망에 먼저 관심을 가지는 것 이상이다. 사람의 주의는 사람 밖에서 사람에게 임하시는 하나님에게 먼저 집중된다.

라고 이야기하고 있다. 또한,

좋은 형식은 회중을 참여의 통일로 인도한다. 모든 마음은 하나님을 찬양하고 하나님께 기도하고, 바치는 데 통일된다. 이것은 내적 태도에 구체적 표현을 제공한다. 의식적 행위는 생각과 느낌을 강요하고 헌신의 의지를 굳게 한다. 이것은 예배의 객관적 내용이 타당할 것을 보증한다.

245

라고 하고 있다(210). 결국, 그가 말하는 객관적 경험은 하나님과의 객관적 만남, 즉, 순서 및 형식의 정황 내에서 제시되는 그리스도의 사건으로써 형식적인 차원과 일맥상통하는 이야기겠다. 또한, 그는 주관적 경험에 대해,

> 예배는 주관적 경험을 포함한다. 예배할 때 하나님의 임재를 의식하는 것은 사람의 내적 주관적 경험이 된다. 예배는 실제로 하나님과 인간이 인격적 교제를 가지는 대화이다.

라고 말한다(101). 이는 분명하게 내적 체험적 차원을 이야기하는 것이라 하겠다. 이상을 근거로 공동체 예배는 객관적이며 공동체적인 부분과 주관적이며 개인적인 부분의 두 가지 차원이 존재하고 있고, 이들은 상보적인 관계라고 결론내릴 수 있겠다. 특히, 상보적인 것에 대해서는 Webber를 비롯한 다른 많은 신학자들도 강조하는 바이다.(1992: 148)

> 예배의 내적 체험과 전능하신 하나님에 대한 느낌을 회복할 필요가 있다. 만일 우리가 이렇게 한다면 우리는 경외감, 존경, 신비감을 증가시킬 방법을 찾게 될 것이고 예배 중에 일어나는 일들에 대해 경탄하게 될 것이다.

또한, "이러한 내적인 응답의 결과는 예배의 질서 정연한 사건에서 현실화 된 것을 기념함으로 말미암아 생기는 것이다"라고 하였다(151).

찬양이 하늘에 닿다

Segler는,

> 예배의 모든 행위가 살아계신 그리스도께서 그를 따르는 사람들과
> 함께 계시기 위해 오시는 기적을 새로이 경험하는 것이다…… 예배
> 의 본래의 모습은 말씀중의 한 부분과 음식을 나누는 중의 한 부분사
> 이의 번갈음이 아니라, 부활하신 그리스도가 오시고 임재하시고 행
> 동하시는 것이다. 이 임재로 말미암아 그리스도교 예배는 환상의 결
> 과도 아니고 요술을 부리는 것도 아니고 다만 은총이 역사하시는 것
> 이다.

라고 하였다(23). 즉, 공중예배의 모든 순서와 행위가 임재적일 수 있
어야 한다는 것이다.

이러한 공동체적 예배 안에서의 양치원의 조화는 특히, 비예전적
은사적 예배지류에서 더더욱 강조되는 예배관이다. 예배인도자인 소
르기(Sorge)는 찬양과경배를 이야기하면서,

> 경배(예배)는 삼위일체 하나님의 자기 계시에 대한 긍정적인 반응입
> 니다. 그리스도인에게 삶의 모든 행위는 하나님 아버지의 사랑에서
> 나온 사랑이 될 때 경배의 행위가 됩니다….경배는 근본적으로 우리
> 안에 있는 하나님의 영이 신격에 있는 성령과 접촉하는 것입니다….
> 경배는 이성을 지닌 피조물이 창조주와 올바른 관계를 맺게 하는 이
> 상적이고 정상적인 태도입니다.

라고 말하고 있다(104-105). 이렇듯, 예배는 공동체적인 형식적인 면

과 개인적인 본질적 만남적인 면의 두 가지 차원이 존재하고 있다. 또한, 공중예배는 이러한 두 가지 차원의 조화가 이루어져야 하는 예배인 것이다.

b. 두 가지 차원의 계시와 반응 제시

이명희(2001: 19-26)는 예배가 대화임을 주장하고 있다. 대화란 주고받음의 상보적인 것이다. 또한, 훈(Hoon)(1971: 77)은 예배의 현장을 '계시와 응답이 만나는 지점'이라고 하였다. 즉, 주고받음의 현장이란 것이다. 그러므로, 하나님과 인간의 주고받음인 '계시와 반응'은 예배의 정의적 표현인 하나님과 인간의 만남이라는 것의 다른 표현일 수 있겠다. 그런 의미에서, 앞서 고찰해본 두 가지 차원의 예배는 두 가지 차원의 계시와 반응(또는 계시와 응답)이라 쓸 수도 있겠다.

한편, 계시와 반응의 적용에 있어서, 한수환의 설명대로 하나님께서 말하시고 인간이 듣는 국면과 인간이 말하고 하나님께서 들으시는 국면이 존재할 수 있다. 이를 계시와 반응으로 정리하면 (표3)과 같겠다.

첫째, 계시와 반응을 이야기할 때 단순히 하나님께서 계시하시는 존재이시고 인간이 반응하는 존재라고만 말할 수 없다. 앞에서 살펴본 것처럼 하나님과 인간은 주고받음의 관계 즉, 서로 주격과 호격의 관계로, 하나님께서 말거시고 인간은 듣고 또한, 인간이 응답함으로 말 걸고 하나님께서 들으시는 관계이다. 그러므로, 하나님께서 말하시고 인간이 듣는 국면과 인간이 말하고 하나님께서 들으시는 국면을 구별하여 계시와 반응을 적용해야 할 것이다.

둘째, 하나님께서 말하시고 인간이 듣는 국면은 계시의 국면이겠고, 인간이 말하고 하나님께서 듣는 국면은 응답의 국면이겠다. 여기서의 응답이라는 것은 하나님의 말하심에 대한 듣는 것으로써의 반응을 이야기하는 것이 아닌, 인간이 주격이 되어 호격이신 하나님께 말하는 것으로 응답하는 국면인 것을 의미하겠다.

셋째, 그러므로, Response은 응답 또는 반응으로 번역될 수 있으나, 응답과 반응을 구별하여 반응은 하나님의 말거심에 대한 듣는 것을 일컫고, 응답은 하나님께 말거는 것으로 정의 하는 것이 옳겠다. 그래서, 필자는 응답은 Response로 반응은 Receiving로 적용하고자 한다.

한편, 필자는 공동체적 형식적 계시와 반응을 수평적 계시와 반응 또는 계시와 응답으로 명명하고, 개인적 임재 경험적 계시와 반응을 수직적 계시와 반응으로 명명하고자 한다. 이후로는 이를 적용하여 논지를 펴 나갈 것이다.

계시의 국면 (Revelation)	응답의 국면 (Response)
하나님(계시) ↓ 인간(반응)	하나님(반응) ↑ 인간(올림; 기도, 찬양)
하나님께서 말씀하시고 인간이 들음	인간이 말하고 하나님께서 들으심

(표 3) 계시와 응답 정리

249

Ⅳ. 전통적 예배 구조에 관한 고찰과 찬양예배 구조 정립

A. 전통적 예배 구조인 4중 구조

예전 운동 안에서 예배의 구조로 제시하고 있는 것은 바로 4중 구조이다. 이는 사도행전 2장 42절, 46-47절 말씀의 성경적 근거와, 회당과 다락방에 그 기원을 두고 있는 말씀의 예전과 성만찬 예전이 결합되어 있는 초대교회의 식탁공동체 예배 모습의 역사적 근거에 의해, 전통적인 예전 예배뿐 아니라 모든 예배의 온전한 기본 구조로써 제시되었다(Webber, 1994a: 56-59). 특히, 성만찬은 하나님께 드리는 감사의 제사이며 하나님의 언약에 대한 감사의 응답으로써 말씀과 균형을 이루는 예배의 귀중한 요소이다.[54]

말 씀		식 탁	
하나님의 임재로 들어감	말씀을 들음	감사로 응답	사랑과 봉사를 위해 흩어짐

(표 4) Webber의 4중 구조 정리(60)

초대교회의 '말씀과 식탁' 이라는 이중 행위에 근거한 4중 행위, 그리고 이에 근거한 예배의 기본 구조인 4중 구조는 그 적용에 있어서, 신학, 교단들의 철학 및 성만찬의 유무에 따라 차이점들이 발견된다. 이에 몇 가지 주요 4중 구조들을 자세히 고찰하여 정리함으로써 찬양예배가 모델 삼을 수 있는 예배 구조의 기반을 마련하고자 한다.

찬양이 하늘에 닿다

1. 리마 예식서의 구성에 따른 4중 구조

먼저는 리마문서에 근거한 리마 예식서를 살펴보고자 한다(정장복, 198-223). 리마 예식서는 35가지 순서로 되어 있다. 이 순서들은 크게 3부분으로 나누어진다. 개회의 예전, 말씀의 예전, 성찬성례전이다. 그러나, 성찬성례전의 33에서 35의 순서는 사실상 폐회에 해당된다. 그러므로, 4중 구조와 다를 바 없다고 할 수 있다. 리마 예식서의 4중 구조는 (표 5)와 같겠다.

개회의 예전	말씀의 예전	성만찬 예전	폐회의 예전

(표 5) 리마예식서의 4중 구조

리마문서는 기독교 역사 안에서 말씀의 예전과 성만찬 예전은 언제나 같이 지켜졌으나 카톨릭은 말씀의 예전을 개신교는 성만찬 예전을 소홀이 여겨서 한쪽만을 강조하고 지키게 되는 경향을 나았음을 지적하며, 말씀의 예전과 성만찬 예전의 균형을 강조하고 있다(198-223). 그리고, 성만찬의 의미를 다섯 가지로 정리하고 있는데(214-218),[55] 이는 성만찬이 단지 감사의 제사 및 말씀에 대한 감사의 응답정

---

54) 하나님을 향한 감사의 제사 및 감사의 응답은(59), 말씀의 선포에 대한 응답으로써 성만찬에 대한 내용은(210)을 참조하라

55) 리마문서의 성만찬 다섯 가지 의미는 첫째, 성부께 대한 감사로서의 성만찬(The Eucharist as Thanksgiving to The Father) 둘째, 그리스도에 대한 회상과 재현으로서의 성만찬(The Eucharist as Anamnesis of Memorial of Christ), 셋째, 성령님의 초대로서의 성만찬(The Eucharist as Invocation of The Spirit), 넷째, 성도의 교제로서의 성만찬(The Eucharist as Communion of The Faithful), 다섯째, 하나님 나라의 식사로서의 성만찬(The Eucharist as Meal of The Kingdom)

도가 아닌 더 많은 의미와 역할을 가지고 있음을 주장하는 것이겠다.

2. 미국 장로교회와 미연합감리교회의 4중 구조

에큐메니칼 정신아래 통합을 이룬 미국 장로교회와 미연합감리교회의 예배 4중 구조를 살펴보고자 한다.

미국 장로교회의 경우, 4중 구조를

모임 (Gathering),

말씀의 예전 (The Word)

성만찬의 예전 (The Eucharist)

파송 (Sending)

으로 정리하고 있다(The Presbyterian Church ed, 1993:46).

미연합감리교회의 경우, 4중 구조를

입당 (Entrance)

선언과 응답 (Proclamation and Response)

감사와 연합 (Thanksgiving and Communion)

파송 (Sending Forth)

으로 정리하고 있다(United Methodist Church ed, 1992:16-50).

이상을 살펴보면,

첫째, 전체적 진행 구조의 내용은, 미국 장로교회의 경우는 '모여서 말씀의 예전에 참여하고 성만찬 예전에 참여하고 나서 파송된다.'이다. 미연합감리교회의 경우는 '임재가운데 들어가서 말씀 듣고 반응하고 성만찬을 감사함으로 수행하여 한 몸이 된 후 세상으로 파송

되어 나간다.' 이다.

둘째, 말씀과 성만찬의 균형에 있어서는, 미국 장로교의 경우는 성만찬의 회복을 통해 말씀과 성만찬의 균형을 강조한 듯한 느낌을 준다.

반면에, 미연합감리교회 경우는 말씀의 국면에선 'Proclamation and Response'라 하여 말씀의 국면을 보다 구체적으로 정리하였고, 성만찬의 국면에서도 'Thanksgiving and Communion'라 하여 다른 성만찬 정의들을 사용하여 'The Eucharist'보다 좀 더 구체적으로 언급하였다. 이는 말씀과 성만찬의 균형을 넘어 수평적 계시와 반응이라는 구조적 내용까지를 고려하여 정리한 것이라고 볼 수 있겠다. 말씀의 경우는 선포와 그에 대한 응답이라는 계시와 반응의 내용을 고려하고 있으며, 성만찬의 경우는 BEM 문서의 성만찬에 대한 다섯 가지의미 중 두 가지만을 언급하고 있는 것인데, 모두 다 성만찬의 반응적 의미들로써 성만찬 순서가 성령 안에서 성만찬을 통해 임재하시는 하나님에 대한 임재경험으로써 반응이라는 것을 강조하고 있다고볼 수 있다.

어찌되었든, 다소의 차이는 있으나, 두 교단 모두 동일하게 예배 진행 구조에 있어서 4중적인 것과 말씀과 성만찬의 균형을 근간으로 하고 있다는 사실을 발견 할 수 있다.

3. Webber의 4중 구조

Webber는 예배통합의 정신을 바탕으로 위의 두 교단의 예배 형식 뿐 아니라 오순절 및 찬양과경배의 흐름에 있는 예배까지도 포함시키려는 노력을 보여주고 있다(1994a: 201). 그래서, 그가 주장하는 4중 구조는 열려있는 4중 구조라 할 수 있다. 다시 말해, 여러 전통의 예배의 장점들과 특징들이 수용되어 질수 있는 예배 구조의 기본 골격으로써의 4중 구조를 주장한다하겠다(210). [56]

그는 통합예배모델을 통해 자신의 이러한 주장을 실현해 보여주고 있는데, 그는『Worship Old & New』와 『Blended Worship』 및 『 The Complete Library of Christian Worship Volume』Ⅲ 등의 저서에서 4중 구조에 입각한 통합예배 모델을 제시해주고 있는데, 『Blended Worship』(1994a: 205-214)의 내용은 『The Complete Library of Christian Worship Volume』III(1994B: 214)에서 제시하고 있는 'A Pattern for The Convergence of Traditional and Contemporary Worship'의 내용과 일치한다. 『Worship Old & New』(1982: 243-253)에서는 세 가지의 예배 통합 모델을 제시해 주는데, 앞선 내용들과 다소 차이를 보여주고 있다. 하지만, 그의 전체적인 통합원리를 파악하고자 앞선 모델에 『Worship Old & New』의 차이점을 적절히 추가하여 정리하면 (표 6) 와 같은 결과물을 얻을 수 있다.

그리고, 이에 따른 Webber가 제시하는 4중 구조는 (표 4)에서 살펴본 바 있다. 그의 4중 구조는 성만찬 예전의 국면을 감사의 예전이라고 사용하고 있다. 이는 성만찬이 없는 개신교 예배를 고려한 듯한

---

56) 심지어, 그는 모든 예배가 각자의 특성을 살려 나름대로 4중 구조를 발전시켜야 한다고 주장한다.말하고 있다.

찬양이 하늘에 닿다

나아감의 행동들	예언. 영적 사역
모임의 시간 　비공식적 찬양 　오르간 서곡 　독주악기 　비공식적 인사 　광고 　환영의 말씀 　회중음악의 리허설 　조용한 묵상기도 **예배를 여는 시간** 　입례송 　인사 　임재의 기도 　찬양 　죄의 고백과 용서(순서변경가능) 　조명의 기도(찬양으로 대처가능)	〈회중기도〉 　그룹기도 　연도 　간구기도 　목회기도 　〈평화인사의 교환〉 　〈헌금〉 **감사의 예전** 　1.성만찬이 있는 경우 　회중초대 　찬양 　감사로의 초대문 낭독(생략가능) 　서문기도 　삼성송
말씀의 예전	성찬집례 　찬양(집례중찬양) 　기도(집례중기도, 안수기도포함) 　마침기도 　2. 성만찬이 없는 경우 　찬양, (혹, 주기도문)
말씀의 시간 　성경봉독 　(예전적 예배 – 구약봉독, 응답시편, 서신봉독, 영창) 　(비예전적 예배 – 첫 번째 봉독, 합창, 두 번째 봉독) 　설교 　(회중이 하나님께 말하는 시간) 　〈말씀에 대한 응답〉 　신앙신조 고백 　설교에 대한 그룹 토의 　찬송 　영접, 재헌신, 세례 요청	**폐회의 행동들** 　광고 　축도 　폐회송 　폐회의 선언

(표 6) Webber의 예배 통합모델

모습이기도 하고(1992: 86),[57] 성만찬이 가지고 있는 원래의 감사적이

---

57) 그는 말씀만으로도 하나님의 이야기를 전달할 수 있다고 하면서 성만찬이 없는 예배에 대해서도 인정한다. 그러나, 말씀과 함께 성만찬이 함께 할 때 보다 더 하나님의 이야기는 완전하게 전해진다고 말하고 있다.

고 축제적인 의미를 부각시키기 위한 것이기도 하고(1994a: 211),[58] 필자가 정리한 계시와 반응의 구조에서 인간이 하나님께 말하는 응답의 국면을 의미하는 것이기도 하겠다.

B. 성만찬이 없는 예배의 3중 구조, 4중 구조

현대의 한국 예배신학에서는 성만찬이 예배에 동반되어야 함을 강조하는 추세에 있다. 이는 세계교회의 예배갱신운동의 방향을 따라 한국 전통 개신교도 예배 형식에 있어서 소위 '4중 구조'를 더욱 견고히 하는 방향에 동참하고 있는 것이라 하겠다(허도화, 2003: 230). Webber에 영향을 받은 정장복은 성만찬의 회복은 당연한 것임을 일찍이 강하게 주장해 왔다(1999, 216-218). 김소영은 '성찬이라는 축제의 실제 현장을 보다 자주 또는 언제나 빠짐없이 예배에 동반' 시켜야 함을 강조하고 있다(96). 김세광의 경우도 한국교회의 예배갱신방향을 이야기하면서 칼빈의 정신을 본받아 말씀과 성례전이 균형을 이루어야 함을 강조한다(2005: 214-215). 조기연과 허도화의 경우는 예배갱신의 입장에서 초대교회 및 역사적 예배의 유산인 4중 구조와 성만찬의 회복을 강조하며 성결교단의 예배 철학을 대변하듯 성만찬의 회복을 강조하고 있다(조기연 177-225 ; 허도화, 2003: 230-264).

---

58) 로버트 웨버는 감사의 분위기는 진지하다기 보다는 경축적이다라고 말하며 성만찬의 분위기가 어떠해야함을 이야기한다.

찬양이 하늘에 닿다

개회의 예전	말씀의 예전	폐회의 예전

(표 7) 성만찬이 없는 개신교 예배의 3중 구조

모이는 예배	말씀 듣는 예배	응답하는 예배 또는 감사하는 예배	파송하는 예배

(표 8) 허도화에 의해 제시된 성만찬 없는 예배의 4중 구조

모이는 예배
  모임 찬양
  인사와 환영
  전주
  입례찬송
  인사
  예배부름
  기원
  경배찬송
  고백과 용서
  찬양
  기도 또는 설교 전 기도
말씀 듣는 예배
  구약성경봉독
  시편송 (또는 말씀송)
  서신서봉독
  할렐루야송(또는 말씀송)
  복음서봉독
  찬양(성가대)

설교
응답하는 또는 감사하는 예배
  응답송
  응답기도
  평화의 인사
  중보기도
  침묵기도
  신앙고백 또는 사도신경
  찬송
  제자도 초청 또는 세(침)례와 신앙갱신
  간증
  회중의 생활과 일에 관한 광고
파송하는 예배
  축복
  파송의 찬송
  파송의 말씀
  폐회
  후주

(표 9) 허도화에 의해 제시된 성만찬 없는 예배 모델

257

```
개회                              찬양(성가대)
  전주(반주자)                     설교(설교자)
  개회 찬송(다같이)                기도(설교자)
  예배의 말씀(목사)                찬송(다같이)
  기원(목사)
  주기도(다같이)                 감사의 응답
  송영(성가대)                     헌금(다같이)
  교독(다같이)                     찬송(다같이)
  찬송(다같이)                     감사기도 및 중재기도(사회자)
  목회기도 또는 기도(목회자 및 장로)  환영 및 소식(사회자)
  응답송(성가대)
                                폐회
말씀의 선포                        폐회찬송(다같이)
  구약성경낭독(사회자)             위탁의 말씀(목사)
  찬송(다같이)                     축도(목사)
  신약성경낭독(사회자)             폐회
  신앙고백(다같이)
```

(표 10) 김소영에 의해 정리된 성만찬이 없는 개신교 예배(65-67)

개회	말씀의 선포	감사의 응답	폐회

(표 11) 김소영에 의해 제시된 성만찬 없는 예배의 4중 구조

하지만, 현재 한국의 전통 개신교들은 대체로 성만찬이 없는 말씀 위주의 예배를 구성하고 있다.[59] 즉, (표 7)와같이 3중 구조로 예배는

---

59) 이는 Segler가 자유교회의 예배의 쇠퇴의 원인으로 지적한 4가지 원인이 거의 그대로 한국 개신교 안에도 나타나서 예배의 예전 및 형식 그리고, 성만찬을 경시 여기는 풍토가 존재하여 왔기 때문이라 볼 수 있다. 그는 자유교회가 예배의 쇠퇴를 가지게 된 원인으로 첫째, 의식적(Liturgical Worship) 예배에 대한 과장된 적개심, 둘째, 미국 개척시대의 문화와 환경 - 개척자 예배 등이 그 예겠다, 셋째, 부흥운동의 지나친 강조, 넷째, 낭만적 초월주의라고 하였다(69).

258

되어 있다. 허도화는 성만찬이 없는 개신교 예배에 있어서도 성만찬을 대신하는 감사와 응답의 예배 순서들을 배치함이 옳음을 주장하며 성만찬이 없는 4중 구조를 주장한다. 이를 표로 정리하면 (표 8) 및 (표 9)와 같이 되겠다.[60]

그런데, 허도화는 말씀에 응답하는 순서와 일반적인 감사의 응답 순서들을 모아서 응답하는 또는 감사하는 예배로 따로 두었다. (표 9)에서 이태리체로 되어 있는 것이 말씀의 응답적 순서들이다. 이는 김소영과는 다른 견해이다. 김소영의 경우는 말씀의 국면에 말씀의 응답적 순서들을 집어넣고 있고 감사의 응답의 국면에는 말씀의 응답적 순서들을 제외한 다른 응답적 순서들로 채우고 있다.[61] 또한, Webber는 자신의 책 『Worship is a verb』에서는 3중 구조라고 설명하고 있지만(1992: 86), 『Blended Worship』의 통합예배모델 설명에서는 김소영처럼, 다른 감사의 요소들로 '감사의 예전'을 채울 수 있다고 말하면서 성만찬이 없는 4중 구조를 주장하고 있다(1994a: 210-213).

이들의 차이는 허도화는 '말씀의 국면'을 하나님의 말하심의 계시와 인간의 들음의 반응으로, '감사의 국면'을 인간이 말하고 하나님께서 들으심으로 반응하는 국면으로 정리한 것이고, 김소영 및 Webber는 '말씀의 국면' 자체를 둘로 나누어 하나님께서 말씀하시고 인간이 반응으로 듣는 '계시의 국면'과 인간이 말하고 하나님께서 듣는 '응답의 국면'으로 설정하였고, '감사의 국면'은 단지 인간이 말

---

60) 이는 허도화의 논지를 표로 정리한 것이다. (허도화, 117-156)
61) 리마예식서처럼 파송의 국면을 따로 두지 않고 있다.

하고 하나님께서 들으심으로 반응하는 '응답의 국면'으로 설정하여 정리한 것이겠다.

C. 4중 구조들의 비교 고찰 정리

입례의 국면	말씀의 국면	응답 및 감사의 국면		파송의 국면
	계시	말씀에 대한 응답	일반적 감사의 응답	
	↓		↑	

(표 12) 허도화에 의해 제시된 성만찬이 없는 예배의 구조

이상의 내용을 (표 3)에서 정리한 계시와 반응의 개념을 사용하여 표로 정리하면서 살펴보고자 한다. 성만찬이 없는 4중 구조의 경우, 허도화의 경우는 (표 12)와 같다.

반면, 김소영 및 Webber가 설명하고 있는 성만찬이 없는 예배를 정리하면 (표 13)와 같겠다. 또한, 성만찬이 있는 일반적인 4중 구조의 경우, 계시와 반응의 적용을 고려하여 정리해 보면 다음과 같이 (표 14)로 정리할 수 있겠다.

입례의 국면	말씀의 국면		감사의 국면	파송의 국면
	계시	응답	일반적 감사의 응답	
	↓	↑	↑	

(표 13) 김소영 및 Webber에 의해 제시된 성만찬이 없는 예배

찬양이 하늘에 닿다

입례의 국면	말씀의 국면		감사의 국면		파송의 국면
	들음	응답	재현	응답	
	↓	↑	↓	↑	

(표 14) 성만찬이 있는 예배의 구조[62]

이상을 살펴 볼 때, 허도화에 의해 제시된 구조는 말씀의 국면은 하나님께서 말씀하시고 인간이 듣는 국면으로서 단지 계시의 국면이다. 감사의 국면은 인간이 말하고 하나님께서 들으시는 국면으로써 단지 응답의 국면이다. 이는 사실상, 말씀의 국면과 감사의 국면이라기보다 계시의 국면과 응답의 국면으로써 둘 다를 합쳐 하나의 말씀의 국면이라 볼 수 있겠다. 즉, 사실상, 3중 구조인 것이다. 성만찬이 있는 예배의 구조와 비교해 보면 더욱 알 수 있을 것이다. 성만찬이 있는 구조는 말씀의 구조가 계시의 국면과 응답의 국면을 모두 포함하고 있다. 성만찬 역시 계시의 국면과 응답의 국면을 모두 포함하고 있다. 김소영은 말씀의 국면을 계시의 국면과 응답의 국면으로 잘 포진시켜 놓았으나 감사의 국면에 단지 응답의 국면만을 집어넣고 있다. 즉, 계시적인 면에 부족함이 있는 것이다.

그러므로, 성만찬이 없는 예배의 4중 구조가 온전하려면, 말씀의 국면에 계시의 순서와 응답의 순서를 배치하고, 감사의 국면에 계시

---

62) 개신교에서의 적용을 위해 예전이라는 말을 배제하고 국면이라고 표현하였다.

의 국면으로써 계시의 순서를 배치하여 계시의 순서와 응답의 순서가 모두 있을 수 있도록 하여야 할 것이다. 이는 감사의 국면에 일반적 기독론적 계시와 일반적 감사의 응답을 배치함으로 가능할 수 있을 것이다. 그러면, (표 15)와 같이 될 것이다.

입례의 국면	말씀의 국면		감사의 국면		파송의 국면
	들음	응답	일반적 기독론적 계시	응답 감사의 응답	
	↓	↑	↓	↑	

(표 15) 성만찬이 없는 예배의 4중 구조

성만찬의 경우는 성만찬의 재현을 통해 하나님의 은혜와 사랑이 가시적으로 계시되고 성만찬을 받음으로 응답하는 것이지만, 감사의 국면에서 계시의 경우, 찬양 및 헌금 및 중보기도 등을 통해 성만찬을 통한 언어적 또는 상징적 언어로써의 재현과는 달리, 찬양의 가사와 기도 및 멘트를 통한 주로 언어적 계시가 그 자리를 대신한다 하겠다. 응답의 경우도 성만찬을 수찬하는 것을 통해 응답하는 것이 아닌 찬양을 드리는 것, 기도를 올리는 것, 헌금을 드리는 것 등을 통해 응답의 순서를 대신한다하겠다. 예를 들어, 감사의 국면에 헌금순서가 있을 경우, 말씀의 국면에서의 내용을 간략화 하여 다시 한번 감사국면의 계시가 되도록 할 수 있을 것이다. 만약, 오늘의 주제가 '선한목

찬양이 하늘에 닿다

자' 였다면, "선한목자 되셔서 인도하시는 주님 앞에 우리의 마음을 담아 헌금 합시다"라고 멘트로 계시를 줄 수 있겠다.[63] 그리고, 예배자 스스로가 '그렇지 선한목자이신 주님앞에 마음을 다해 헌금하자' 라고 마음먹는 것은 반응이 되겠다. 다음으로 마음을 다해 예배자가 주체가 되어 헌금을 드리는 것은 응답이 되겠다. 이를 기뻐 받으시는 주님은 열납하고 계시는 것이다. 이외도 말씀의 국면 다음의 감사의 국면에서의 계시와 응답에 대한 다양한 경우를 정리할 수 있을 것이다. 또한, 감사의 국면에 계시가 잘 드러나지 않고 응답에 치중되어 진행된다하여도 예배학적 논리로는 감사국면의 일반적 기독론적 계시가 존재함을 인식하는 것도 중요하다. 이를 알고 감사의 국면을 상황에 따라 적용하는 것과 몰라서 감사의 국면을 응답의 순서로만 채우는 것은 전혀 다른 것이다.

또한, 계시와 응답의 더 확장된 적용은 예를 들어, 말씀의 국면에서 성경봉독에서의 계시와 응답의 적용 등으로 더 세분화 되어 적용될 수 있을 것이다.(Webber, 1994b: 238-239).[64] 물론, 모든 국면의 모든 순

---

63) 이는 주제적 계시를 돕는 역할도 하는 것이겠다. 자고로 예배는 입체적 계시를 하고 있는 것이다.
64) Webber는 이를 표로 자세히 예를 들어 주고 있다.

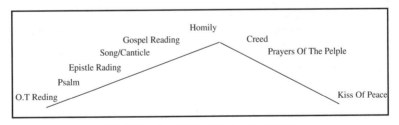

(표 16) Service Of The Word - Traditional

서가 계시와 응답의 적용이 이루어져야 진정으로 예배학적인 예배기
획이라 할 수 있을 것이다.

D. 입례의 국면과 파송의 국면에 대한 고찰

1. 입례의 국면에 대한 고찰

이에 대한 고찰은 찬양과경배에서 계시와 반응의 적용의 구조를 적
용하면서 좀 더 자세히 살펴 볼 것이다. 그러나, 전체 예배 구조의 완
성을 위해 여기서 입례의 국면과 파송의 국면을 미리 앞서 대략적인
부분을 살펴보고자 한다.

입례의 국면은, '모임', '개회', 또는 'Gathering', 'Entrance' 등으
로 언급되고 있다. 이러한 내용을 가장 잘 종합하여 정리한 것이
Webber의 통합모델이겠다. 그는 입례의 국면을 '모임'과 '여는'의

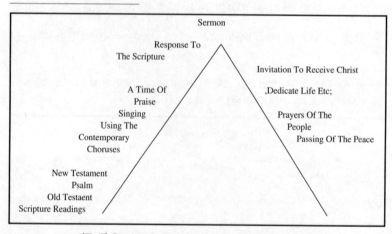

(표 17) Service Of The Word – Praise And Worship

찬양이 하늘에 닿다

두 과정을 모두 포함하여 정리하고 있다. 이는 모이는 과정을 단지 공 예배를 위한 준비과정으로만 본 것이 아니라, 모이는 과정서부터 이미 공중예배의 과정 즉, 예배로 보는 시각이겠다. 이는 Kimball(2003: 112)이 이야기한, 'Worship Service냐 Worship Gathering이냐'라는 논쟁과 관련이 있는데, 예전예배 및 구도자 예배에서 인도자들만이 예배를 진행하고 회중은 예배를 제공받는 다는 병폐를 나을 수 있기에, 초대교회 예배의 정신처럼 예배형식의 제공이 아닌 회중인 예배자 스스로가 하나님을 만나러 예배로 모이는 것이라는 개념이 필요하다는 주장이다. 그래서, Kimball은 공중 예배 자체를 '예배 모임'이라고 명명하였다. 그의 주장도 모이는 과정부터가 당연히 정당한 공중예배인 것에 하나의 근거가 된다 하겠다.

(표 8)에서의 Webber가 제시한 통합모델을 살펴보면, 'Acts of Entrance' 안에 'The Gathering'과 'Open acts of Worship'을 구별하여 집어넣고 있다. 김세광은 이를 '나아감의 시간' 그리고, '모임', '예배를 여는 시간'으로 변역하였으나, 필자는 이를 논지에 맞혀 '입례의 국면', 그리고, '모임', '나아감'으로 재번역하려고 한다.

그렇다면, 입례의 국면은 모임과 나아감으로 구성되어 있다고 할 수 있는데, 여기에 계시와 반응을 적용하려 한다면, 모임은 무엇에 대한 응답적 순서이며 나아감은 무엇에 대한 응답적 순서인지를 대답하여야 할 것이다.

첫째, 마태복음 18장 20절 말씀을 살펴볼 때, '내 이름으로 모이는 곳'이라는 구절에 대해 톰슨II에서는 '나를 지향하여 함께 있는 곳' 이라고 해석하고 있다(1991: 신약; 30-31). 즉, 모인다는 것은 누군가를 만나기 위한 마음의 기대를 가지고 모이는 것이겠다. 즉, 하나님과의 만남을 기대함으로 모이는 것이겠다. 그러므로, 모임은 하나님의 예배적 임재 안에서의 만남 즉, '예배적 임재경험'에 대한 믿음의 신앙으로 응답하는 것이겠다.

둘째, 나아감은 바로 'Call to Worship' 즉, '부름'에 대한 응답이겠다. 우리가 주님 앞에 나아 갈 수 있는 것은 바로 하나님의 부르심에 근거한다.[65]

2. 파송의 국면에 대한 고찰

허도화는 최근 예배의 동향으로 마지막 순서에 대한 중요성 강조를 언급한다(2001: 152). 그는 마지막 순서인 폐회의 시간이 단지 예배가 끝나는 것만이 아닌 세상과의 연결 속에서 파송되는 것임을 이야기한다. Webber(1992: 253)의 경우도,

> 우리가 여기서 다룬 문제는 예배가 그자체로 끝나는 것이 아니며, 또한 세상에서 우리의 삶과 동떨어진 것도 아니라는 것이다. 예배는 우리가 하는 모든 것의 중심이다. 그리고 그러한 이유 때문에 우리의 모든 삶은 예배를 향한 행진이며 예배로부터 출발하는 행진인 것이다.

---

65) 사 66: 23, 여호와가 말하노라 매 월삭과 매 안식일에 모든 혈육이 이르러 내 앞에 경배하리라. 사 55: 7, 악인은 그 길을, 불의한 자는 그 생각을 버리고 여호와께로 돌아오라 그리하면 그가 긍휼히 여기시리라 우리 하나님께로 나아오라 그가 널리 용서하시리라.

찬양이 하늘에 닿다

라고 말하고 있다. 그러므로, 파송의 국면은 세상을 향해 파송하는 것을 듣고 파송 받아 흩어짐으로 응답하는 국면이라 할 수 있다. 이상 입례의 국면과 파송의 국면에 계시와 반응을 적용한 내용을 포함하여 성만찬이 없는 예배 구조에 적용하여 정리 해보면 다음과 같겠다.

입례의 국면				말씀의 국면		감사의 국면		파송의 국면	
모임		나아감		계시	응답	일반적 기독론적 계시	일반적 감사의 응답	파송	흩어짐
임재	모임	부름	나아감						
↓	↑	↓	↑	↓	↑	↓	↑	↓	↑

(표 18) 성만찬이 없는 예배의 4중 구조

한가지는, '모임'을 '임재'와 '모임'으로 구분하였는데, 사실상 제대로 기재하려면 '공동체 예배적 임재'와 '모임'이 되겠다.

E. 찬양예배의 4중 구조 제시

이제 이상의 고찰을 통해 4중구조의 틀에 맞춘 찬양예배는, 입례의 국면 대신 찬양과경배의 감사의 부분이 그 자리에 들어가 입례의 역할을 대신하고 있다. 뿐 아니라, 이를 넘어 마치 말씀 중심의 3중 구조가 성만찬과 균형을 이루어 4중 구조를 형성하듯이 찬양과경배가 말씀과 보조를 맞추어 정적인 임재경험과 지적인 말씀이 균형을 이

267

루고 있는 예배이겠다. 이를 이 장의 결론으로 제시한다. 이에 대한 세부적 고찰은 이후에 계속 이어질 것이다.[66] 찬양예배의 전체 구조는 (표 19)와 같이 되겠다. 이는, 보다시피 개신교 예배 안에서 성만찬 없는 예배의 경우에 적용된 것이다. 한편, 성만찬까지 거행하는 찬양예배의 경우는 (표 20)과 같이 제시한다. 성만찬과 함께 찬양예배가 드려질 경우, 비언어적 상징적인 면과 언어적인 면과 정적인 면이 3중적 균형을 이루며 하나님과의 만남을 하도록 하는 예배 형태가 될 것이다.

찬양과 경배의 국면								말씀의 국면		감사의 국면		파송의 국면	
감사				찬양		경배		계시	응답	재현	응답	파송	흩어짐
모임		나아감											
임재	모임	부름	나아감	하나님의 행하심과 계시	찬양	새로운 하나님의 행하심과 계시	친밀 / 경외 / 헌신	계시	응답	재현	응답	파송	흩어짐
↓	↑	↓	↑	↓	↑	↓	↑	↓	↑	↓	↑	↓	↑

(표 19) 찬양예배의 4중 구조

찬양과 경배의 국면								말씀의 국면		감사의 국면		파송의 국면	
감사				찬양		경배		계시	응답	재현	응답	파송	흩어짐
모임		나아감											
임재	모임	부름	나아감	하나님의 행하심과 계시	찬양	새로운 하나님의 행하심과 계시	경배	계시	응답	재현	응답	파송	흩어짐
↓	↑	↓	↑	↓	↑	↓	↑	↓	↑	↓	↑	↓	↑

(표 20) 성만찬을 포함한 찬양예배의 4중 구조

---

66) 본 책에서 그 자세한 고찰은 이루어졌다.

VI. 찬양과경배의 구조 정립을 위한 고찰 2
– 계시와 응답 적용

A. 찬양과경배에서의 계시와 응답에 대한 준거들

이제는 계시와 반응을 찬양과경배에 적용하여 찬양과경배의 흐름 구조를 완성해 나가고자 한다. 먼저는 찬양과경배 중에 계시와 반응의 존재 가능성에 대한 준거들을 고찰해 본 후, 이를 근거하여 계시와응답을 적용해 나가고자 한다. 이는, "찬송과 시편을 노래하는 것은 인간의 찬양과경배로써 하나님의 은혜에 응답하는 방도이다"라고 말한 김소영처럼(145), 찬양은 기도와 헌금 등과 함께 하나님의 은혜에 대한 응답의 요소일 뿐이라는 견해에 대한 반박과 함께 계시와 응답의 찬양과경배로의 적용에 대한 방법론적 근거 마련을 위해서이겠다.

1. 카즐(Casel)의 'The Paschal Mystery(부활의 신비)' 와
웨인라이트(Wainwright)의 'Lex Oranti Lex Credendi'

기독교 예배에 대한 다양한 정의 중에 기독교 예배를 '부활의 신비 (The Paschal Mystery)'로 보는 경향은 Casel의 저서 『The Mystery of Christian Worship』에서의 언급에서 유래한다(White, 1980: 30). 부활의 신비란 우리의 예배 가운데 현존하시고 역사하시는 부활하신 그리스도를 의미한다(30). 즉, 그리스도께서 과거에 행하신 역사는 그것을 경험하고자 하는 예배자들에게 새롭게 경험되고 예배드리는 현재에 다시금 구원의 힘으로 나타난다. 즉, 신비는 하나님 자신을 드

269

러내는 계시이다(30). 이를 기독교 믿음의 형성 및 전승은 단지 논증적인 또는 설교적인 전달에서가 아니라, 경험 더 나아가 공동체 안에서의 경험을 통해서 이루어진다는 교부들의 말인 '기도의 법이 믿음의 법(Lex Orandi Lex Creidendi)'에 대한 개념과 연결하여 볼 때, 예배에서의 가르침을 넘어 신비적 계시와 임재 경험이 이루어 질 때 믿음은 단지 지적으로만이 아니라, 맛보아 알 게 되는 붙잡힘으로써 습득되게 되는 것이다(Webber 1994a: 109-110).

보통의 예전학자들이 이러한 부활의 신비로써의 임재경험을 성만찬을 비롯한 성례전에 집중하여 연구한 반면, Wainwright(1984: 218-224)는 찬양에도 이러한 임재와 그리스도 사건의 재현으로써의 하나님의 신비적 계시와 임재 경험을 이야기하였다. 그는 말하길, 성만찬에 불신자가 참석한 경우에 찬양을 통해 말씀을 배울 수 있음을 이야기하면서, 찬양하면서 떡과 잔에 참여할 때, 그 두 가지는 상승작용을 일으켜 참석자에게 기독교진리를 전달한다라고 말하고 있다(목회와 신학, 2006, 9: 105). 즉, Lex Orandi를 성만찬에만 국한하지 않고 찬양까지 넓힌 것이다. 이는 성만찬만이 하나님의 임재 가운데 신비적 계시와 임재 경험으로써 응답이 어우러지는 예배의 국면이 아니라, 찬양도 그러한 역할을 할 수 있음을 주장하는 것이라 하겠다. 그의 주장이 중요한 것은 찬양중 신비적 임재경험의 가능성을 예배학적으로 드러낸 최초의 것이기 때문이겠다.

이에 근거하여 찬양의 연결을 통해 하나님의 만남을 추구하는 찬양과경배는 하나님의 계시와 행하심 그리고 이에 대한 예배자의 응답

찬양이 하늘에 닿다

으로써의 임재경험이 이루어질 수 있는 '부활의 신비'의 장 또는 '성
만찬적 신비의 장' 즉, 예배의 장이라 말할 수 있겠다. 결국,
Wainwright의 주장은 본인의 찬양과경배의 수직적 계시와 반응의 근
거가 되는 것이겠다.

2. 패스(Pass)의 교회음악의 구분

Pass의 경우(1989: 93-166), 교회음악을 교회론에 근거하여 세 가지
영역으로 나눈다. 즉, 케리그마적 음악, 레이투르기아적 음악, 코이노
니아적 음악이다. 케리그마적 음악은 선포적 음악이고, 레이투르기아
적 음악은 찬양과 기도의 내용으로써 하나님을 향하는 음악이고, 코
이노니아는 서로를 세우는 음악이겠다. 그는 케리그마적 음악으로서,
선포적 내용의 찬양을 하는 성가대 음악을 예로 들었다. 하나님의 말
씀을 객관적으로 담대하게 선포하는 음악이라는 것이다(136-138). 또
한, 레이투르기아 음악으로 찬송가를 예를 들며 이는 하나님에 관한
노래가 아닌 하나님을 향한 노래라고 말하고 있다(163).[67] 마지막으로
코이노니아 음악에 대해 말하길, 케리그마 이후에 권면과 위로가 되
는 음악이라 하였다(153).[68]

그의 이러한 주장은 음악 즉, 찬양이 단순히 하나님을 높이는 요소

---

67) "케리그마 노래는 하나님에 관한 노래인 반면에 레이투르기아 음악은 하나님께 직접 이야기하는 노
래이다"
68) "그러나, 코이노니아 음악은 케리그마적인 수술이 있는 후에 권면, 도움, 세워줌 그리고 건설적인 성
장을 다루는 것이다…… 그것은 위로가 되는 음악이기는 하지만 혼수상태에 빠지게 하는 것은 아니
며, 편하게 해주는 음악이지만 잠재우는 음악은 아닌 것이다"

뿐이 아닌 복음을 선포하고 위로와 권면의 말씀을 전하는 노래로써 사용되고 있었음을 이야기하는 것이라 하겠다. 특히, 그는 골로새서 3장 16절의 해석에 있어서 "그리스도의 말씀이 너희 속에 풍성히 거하여 모든 지혜로 피차 가르치며 권면하고 시와 찬미와 신령한 노래를 부르며 마음에 감사함으로 하나님을 찬양하고"에 대한 NIV 영문인, "Let the word of Christ dwell in you richly as you teach and admonish one another with all wisdom, *and* as you sing psalms, hymns and spiritual songs with gratitude in your hearts to God." 에서 이탤릭체의 단어인 *and*가 원래는 헬라 원문에는 없다는 것을 설명하며 '말씀 안에 거하는 것에서 나오는 것으로 형성된 시와 찬미를 통해서 서로 가르치고 권면하는 것'으로 해석해야 옳다고 주장한다(128-129). 즉, 초기의 기독교 찬송들에는 교훈적인 요소들이 많아서 찬송이 단순히 주님을 높이는 것 뿐 아니라 가르침에 사용되었다고 말하고 있다(128-129). 즉, '찬양'은 단순히 높이는 역할뿐이 아닌 '말씀'처럼 선포와 가르침 및 권면과 위로의 역할도 하는 것이다. 제닝스(Jennings)(1982: 44)의 "하나님께 이야기하는 말과 회중에게 이야기하는 말들을 조심스럽고도 분명하게 구분하는 일"이라는 말처럼 예배에 있어서 찬양의 역할에 대해 이제는 방향적으로 구분하는 것이 중요하겠다.[69] 즉, 어떠한 찬양은 하나님을 향하고 어떠한 찬양은 회중 또는 세상을 향한다는 것을 이해하고 적용하는 것이겠다.

베스트(Best)(1993: 183)의 경우에도 이 구절을 해석함에 있어, 노래

---

69) 가사의 방향과 흐름에 관한 예가 더 필요하면 (김영국, 135-139)를 참조하라.

의-특히 가사의-교육적인 면의 중요성을 인정하며 선포와 가르침의 역할을 인정한다. 또한, 하나님께는 노래와 함께 음악-연주까지도 포함한-포괄적인 찬양을 드려야 함을 말한다. 그는 우선순위에서는 하나님을 향한 노래를 우선순위에 두고 다음으로 서로를 위한 가르침과 선포의 찬양을 두고 있다(183).

그런 의미에서 여기서의 '찬양' 또는 '찬송'이라는 단어는 '하나님을 높이는 노래 또는 음악'이라기보다는 광의적 의미로 '하나님을 주제로 한 하나님과 관련된 노래 또는 음악'으로 정의되어 사용되는 것이라 볼 수 있다.

이상을 근거하여 찬양 곡들을 방향으로 구분하여 정리하면 다음과 같겠다.

구분	케리그마적 찬양			레이투르기아적 찬양					코이노니아적 찬양		
	케리그마	디다케		간구	드림	높임			축복적	위로적	권면적
		개인간증	순수교훈			축제적	경외적	친밀적			
방향	하나님 ↓ 회중			하나님 ↑ 회중					회중 ⟷ 회중		
내용	기독론적 선포	위로, 권면	교훈	감사, 찬양, 높임, 경배					축복, 위로 격려, 권면		
예	그는 여호와 창조의 하나님	주 날 위해 버림 받으심으로	하나님은 우리의 피난처가	들어 주소서	날받으소서	찬양하세	왕이신 나의 하나님	주님 사랑해요	당신은 사랑받기 위해	축복송	서로 용납하라

(표 40) 찬양의 방향 구분

첫째, 케리그마적 찬양은 하나님께서 주격이 되시고 예배자가 호격이되는 계시의 국면에 적용될 수 있는 찬양이겠다. 케리그마적 찬양을 둘로 나누어 보았다. Pass(189)는 선포에서의 찬송가와 교육에서의 찬송가가 비슷한 언어상황인 것에 대해서 언급하며 하나로 묶는다. 그의 의견을 좇아 하나로 묶되 영역을 둘로 나누어 구분하였다. 그 방향에 있어서는 같겠으나 그 역할에 있어서도 다를 수 있기 때문이다. 설교가 Johns(1077: 79-81)는 설교를 이야기할 때 두 가지 영역을 나누어 설명하고 있다. 그것은 케리그마적 설교이고 다른 하나는 디다케적 설교이다. 케리그마적 설교는 구원의 메시지인 전도 설교이고, 디다케적 설교는 성도의 덕성 함양을 위한 설교인 것이다. 그는 또한, 디다케적 설교를 둘로 나누는데 하나는 체험적 설교이고 하나는 보다 순수한 교훈적 설교이다(81). 이를 근거하여 볼 때, 케리그마적 음악에도 두 가지 영역의 음악이 있겠다. 복음선포적인 케리그마 음악과 교훈과 권면에 중심을 두는 디다케 음악이겠다. 더 나아가 디다케 음악은 체험적인 개인간증적인 내용의 음악과 보다 순수한 교훈과 권면과 위로에 가까운 음악이 있겠다.

둘째, 레이투르기아 찬양은 예배자가 주격이 되고 하니님께서 호격이되는 응답의 국면에 적용될 수 있는 찬양이다. 우리가 보통 협의적 정의로 사용하는 '찬양' 즉, 그분을 향한 찬양이다. 하지만 내용은 직접적 2인칭 또는 3인칭적으로 직접 높이는 내용이 있을 수 있고, 간접적인 선포내지는 선동적으로 높일 것, 권면으로 높일 것에 대한 내용이 있을 수 있다.

또한, 그 내용에 있어서는 3가지 상황이 설정될 수 있겠다. 그것은 높임의 상황, 간구의 상황, 드림의 상황이겠다. 찬양과 간구의 상황은 Pass의 견해를 참고하였고(160), 드림의 상황은 새들백 교회의 찬양 구조를 참고하였다(김남수, 318).[70] 또한, 높임의 상황은 다시 세 가지로 구분할 수 있겠는데, 빈야드의 5단계에서 참조한 것이다. 즉 일반적인 찬양(Praise, Joyful), 감탄적 높임(Admiration), 경외적 경배(Adoration)이겠다. 찬양의 국면은 과거에 행하신 하나님에 대한 기념 속에서 임재 경험을 하는 부분이기에 높임의 상황 중에서도 축제적 상황의 정황이 주류를 이룰 것이다. 물론, 경외적이고 친밀적인 상황도 있을 수 있겠다. 반면, 경배의 국면은 지금 주제적으로 임재 경험되시는 하나님과의 관계적 상황이기에 경외와 친밀 및 드림의 상황이 주류를 형성하고 있다하겠다.

셋째, 코이노니아 음악은 회중 서로 간에 축복과 위로와 권면을 나누는 노래이다. 코이노니아는 인간 서로가 설교와 같이 주관인 하나님의 자기 선포를 객관화하여 서로에게 전달하는 관계이다. 즉, 서로가 신앙으로 믿음으로 받을 때만 주관 대 주관의 관계가 형성될 수 있다. 인간 서로가 주관 대 주관으로 만나려면 상대를 객관화 및 판단하지 말아야 하고 상대방에 의해 객관화 되어지지 말아야 한다. 그럴 수 있는 것은 신앙 안에서 겸손과 섬김의 태도로 대하는 것 밖에는 없다. 즉, 코이노니아는 신앙 안에서 서로를 세워주는 겸손의 태

---

70) 새들백의 찬양과경배 구조는 Impact라는 단어로 소개되어지는데, 개회송(Inspire Movement), 찬양(Praise), 경배(Adoration), 헌신(Commitment), 마무리 송(Tie It All Together)이다.

도로 서로에게서 인정되는 상황이 전제되어야 하고 그러한 상황 속에서 하나님의 자기 선포가 객관화 되어 전달되어져야 하는 것이다. 내용면에서는 서로를 향한 축복과 위로 및 권면일 수 일 수 있을 것이다. 코이노니아적 찬양은 바로 이러한 상황에 적용되는 찬양이겠다.

한편, 이러한 이야기를 근거로 추론해 볼 때, 찬양과경배는 하나님을 향한 방향의 찬양 및 회중과 세상을 향한 방향의 찬양 및 회중간의 방향의 찬양들의 메들리적 연결이라고 볼 수 있다. 결국, 찬양과경배는 어떻게 배열하여 흐름 구조를 형성할 것인가라는 수평적 계시와 응답의 구조 정립이 필수불가결이겠다. 그런 의미에서 Pass의 이론은 본인의 수평적 계시의 응답의 적용에 근거가 되어 준다.

B. 찬양과경배에서의 계시와 응답 정립 및
찬양과경배의 전체 구조 제시

감사의 국면				찬양의 국면		경배의 국면	
모임		나아감		기독론적 계시	찬양	주제적 계시	경배
임재	모임	부름	나아감				
↓	↑	↓	↑	↓	↑	↓	↑

(표 41) 찬양과경배에서의 전체 구조

↓는 하나님께서 주격이 되시고 회중이 호격이 되는 계시의 국면을 말하고,
↑는 회중이 주격이 되고 하나님께서 호격이 되는 응답의 국면을 말한다.

찬양이 하늘에 닿다

이제 카즐의 이론과 웨인라이트의 이론에 근거하여 또한, 패스의 이론에 근거하여 찬양이 단순히 응답을 위한 예배순서가 아니란 것을 증명하였다. 물론, 예배의 모든 순서가 임재경험의 수직적 계시와 응답을 포함한다하겠다. 그러나, 20-30분 정도의 시간에 찬양이 연결되어 진행되는 찬양과경배는 수직적 계시와 응답 및 예배적 재현을 위한 기승전결의 수평적 계시와 응답까지를 가지는 결국, 성만찬과 견줄만한 그러한 예배의 부분인 것이라 하겠다. 앞선 고찰에서 찬양과경배는 감사와 찬양과 경배의 구성을 가진다하였다. 이들을 하나하나 살펴보자.

첫째, 감사의 국면은 두 가지 영역으로 나누어져 있다하였다. 큰 '모임'의 국면은 '임재'라는 계시의 국면과 작은 '모임'이라는 응답의 국면으로 이루어진다. '임재'는 즉, '예배적 임재'는 계시의 국면으로 하나님과 회중이 주격 대 호격으로 만나는 국면이다. 하나님께서 공동체적으로 공중 예배적으로 임재하시어 계시가 되어 말거시고, 회중은 임재경험 되심에 대한 기대함과 기쁨 가짐으로 반응하는 계시의 국면이다. 작은 '모임'은 회중과 하나님께서 주격 대 호격으로 만나는 응답의 국면이다. 또한, 기대와 기쁨을 가지고 회중이 주격이 되어 모임으로 하나님께 말 걸고 하나님은 모임을 기뻐하심으로 반응하는 응답의 국면이다.

큰 '나아감'의 국면은 '부름'이라는 계시의 국면과 작은 '나아감'이라는 응답의 국면으로 이루어진다. '부름'은 다시 하나님께서 주격이 되시는 계시의 국면이다. 하나님께서 모임을 보시고 은혜로 신실하심으로 부르시는 계시로써 말 거심과 인간이 그 부르심에 다시금 하나님의 역사하심과 은혜를 기억함으로 기뻐하는 반응이 어우러지는 국면이다. '나아감'은 회중이 다시 주격이 되는 응답의 국면이다. 회중이 믿음으로 신앙으로 기억과 기대를 가지고 기쁨으로 나아가는 것으로 말 걸고, 하나님께서는 우리의 나아감을 받으시고 안으심으로 반응하시는 응답의 국면이다.

둘째, 찬양의 국면 역시 계시의 국면과 응답의 국면이 있겠다. 하지만, 찬양 중에 일어나는 상황이기에 순서적으로 나누어지기보다 동시적이다. 즉, 찬양을 부르면서 '기독론적 계시'는 계시되고 선포되어지며, 찬양을 부르면서 이에 대해 응답함으로 주님을 높인다.

이를 다시 설명하면, 찬양 중에 노래의 가사 및 멘트로 기독론적 계시가 선포되거나 계시된다. 즉, 하나님이 찬양을 통해 주격이 되시어 말거시는 것이다. 또한, 기독론적 계시에 대해 믿음으로 수긍하는 것으로 받아들이는 것으로 반응한다. '찬양'을 통해 이제 응답하게 되는 것은 그러한 기독론적 근거이신 그분 및 그분의 행하심과 행적을 높임으로 말 거는 것이고, 하나님께서는 그러한 높임을 기뻐받으심으로 반응하는 것이다. 여기서 중요한 것은 '기독론적 계시'에서 수긍하는 반응과 응답으로써 찬양하는 것이 다르다는 것을 이해하는 것이다. 이 구분의 중요성은 바로 다음에 이어서 고찰하는 내용 때문이다. 물론, 이는 명확히 눈에 보이게 구분할 수 있는 것이 아니겠다. 이는 다분히 학문적인 구분이겠다.

한편, 찬양중의 계시의 국면과 응답의 국면은 찬양의 반복을 통해서 통합적으로 이루어지게 될 것이다. 예를 들어, 축제적으로 찬양을 부를 때 하나님의 속성이 선포되어진다. 그와 함께 개인의 영혼은 그 속성에 감동으로 반응한다. 그리고, 이에 근거하여 그분의 속성을 다시 높임으로 응답한다. 이제 찬양이 반복 되어질 때 찬송 속에서 이들은 무엇이 선포고 무엇이 반응이고 무엇이 응답인지 모르게 혼합되는 것이 아니라, 자연스럽게 통합적으로 어우러지게 되는 것이다. 이는 성령님의 인도하심과 충성스런 성육신적 상상을 근거하기에 그러하겠다.

셋째, 경배의 국면도 역시 계시의 국면과 응답의 국면이 있겠다. 이도 역시 동시적으로 일어날 수 있을 것이다. 다만, 밥소르기의 '경배는 보다 개인적이며 하나님께 몰입하는 것'이라는 언급에서 보듯이 계시의 국면과 응답의 국면을 보다 넓게 둘 수 있겠다. 즉, 계시의 국면에서 주제적 계시에 의한 반응을 충분히 경험할 수 있도록 시간을 두는 것이다. Sorge(256)는 이러한 반응을 위한 시간적 배려를 '통제풀기'라고 말하고 있다.

어찌되었든 '주제적 계시'는 하나님께서 주격이 되어 호격인 예배자들에게 말씀하시고 행하시는 말 거시는 계시와 이를 수긍하고 받아들이고 경험함으로 반응하는 계시의 국면이다. 또한, '경배'는 응답의 국면으로써 주제적으로 계시하시고 역사하시는 하나님께 더욱 친밀함으로 경외함으로 더 나아가 자신을 드림으로 말 거는 행위와 하나님의 더욱 안아주시고 더욱 주인되어주시고 기쁨으로 우리 영혼을 받아주심의 반응이 있는 응답의 국면이다.

코이노니아적 찬양의 경우는 찬양과경배 전체 구조 안에서 교회 및 예배의 특성에 맞추어 구조적으로 배치할 수 있겠다.

첫째, 맨 처음에 배치되는 경우, 이는 '모임'의 역할을 돕는 찬양으로써 코이노니아적 찬양일 것이다. 즉, 서로를 환영하고 모임으로써 서로 받으며 기뻐하는 역할을 돕는 것이겠다. 특히, 새로온 사람들을 환영하고 받아들이는 상황을 맨 처음에 둠으로 모두가 하나 되어 '나아감'의 국면을 맞이 할 수 있도록 할 수 있겠다. 새로온 사람들 환영하는 것은 보통 말씀 앞이나 감사의 국면에 배치되기도 한다.[71]

둘째, 찬양다음에 배치되는 경우, 찬양다음에 경배의 국면에 들어가기 전에 코이노니아 찬양이 배치되는 경우는 '기독론적 계시'에 대한 확인과 '주제적 계시'를 예비할 수 있도록 돕는 역할을 하게 될 것이다. 서로를 격려하고 위로함으로 오늘 이 시간 이 자리에 새롭게 주제적으로 계시하시고 역사하실 주님을 기대하도록 믿음을 가지고 반응하도록 격려하고 위로하고 권면하고 사랑으로 감싸주는 역할을 돕는 찬양으로 존재할 것이다.

셋째, 전체 예배 마지막에 배치되는 경우, 이는 파송의 계시 국면에 흩어짐의 응답의 국면에 적용되는 것으로 서로 흩어지지만 한 몸인 것에 대해서 그리고 혼자가 아닌 것에 대해서 그리고, 다시 만날 것에 대해서 격려하고 평안을 기약해주는 역할을 감당하게 될 것이

---

71) 로버트 웨버의 통합모델이나 김소영 및 허도화가 제시하고 있는 예배모델을 볼 때 환영은 감사의 국면에 위치하고 있는 것을 확인할 수 있다.

다. 이처럼 코이노니아적 찬양은 자유롭게 교회 및 예배의 철학에 따라 배치되는 경향을 가진다하겠다.

|참 고 문 헌|

A. 한글 문헌

김균진(2002). 기독교 조직신학 Ⅳ. 연세대학교 출판부.

김남수(2003). 예배와 음악. 침례신학교 출판부.

김상배(2000). 성경에 계시된 교회음악. 엘맨 출판사.

김세광(2005). 예배와 문화, 대한기독교서회.

김소영(2002). 현대예배학개론. 한국장로교 출판사.

김영국(2005). 성공적인 예배를 위한 음악목회 프로그램. 한국 장로교 출판사.

김진호(2003). 예배와 삶. 한국 다리놓는 사람들.

노영상(1996). 예배와 인간 행동. 성광문화사.

문희곤(2003). 예배는 콘서트가 아닙니다. 예수전도단.

박근원(1992), 오늘의 예배론. 대한 기독교 서회.

박정관(2003). "찬양." 예배팀 사역의 노하우. 한국 다리놓는 사람들. 17-31.

박상진(2004). 기독교 교육 과정 탐구. 장로회 신학대학교 출판부

배성우 편집(2006). "Geoffrey Wainwright, Karan Westfield Tucker 박사의 인터뷰 : 포스트 모던 시대는 전인적 예배를 원한다." 목회와 신학 2006년 9월. 두란노서원. 103-105.

송인설(2003). 영성의 길 기도의 길. 겨자씨

신앙과 직제 위원회 편집(2005). 새 예배서. 기독교대한감리회.

안승오(2001). 능력있는 예배를 위한 7가지 질문. 빌라델비아.

양동복(2000). 새로운 대중음악 CCM. 예영커뮤니케이션.

이명웅(2005). "자유와 수동성." 서울長神論壇 13권. 32-59.

이명희(2001). "예배의 정의." 복음주의 예배학. 요단. 13-44.

이정훈(2000). 한국의 그리스도인을 위한 절기 예배 이야기, 대한기독교서회

이종성(1999). 삼위일체론. 대한기독교 출판사.

이종수(1990). 광야의 성막. 기독교문사.

이천(2005). "찬양사역자, 봉사자인가 직업사역자인가." 찬양인도자 학교 2005년10월호. 4-7.

정장복(1999). 예배학 개론. 예배와 설교 아카데미.

_____(2000). 예배의 신학. 장로회 신학대학교 출판부.

_____(2000). 예배학 사전. 예배와 설교 아카데미.

주승중(2002). "21세기 교회의 예배 갱신을 위한 방향과 과제." 현대사회와 예배·설교 사역. 예배와 설교 아카데미. 465-492.

조기연(2002). 예배갱신의 신학과 실제. 대한기독교서회.

최혁(1999). 찬양리더. 규장.

하정완(2006). 열린예배 매뉴얼. 나눔사.

한수환(2004). 기독교인을 위한 인간학. 지평.

허도화(2003). 한국교회 예배사. 한국 강해설교학교 출판부.

허성준(2003). 수도 전통에 따른 렉시오 디비나. 분도 출판사

허정갑(2006. 입체예배. 프리칭 아카데미

홍성건(2001). 하나님이 찾으시는 사람. 예수전도단

_____(2003). 섬기며 다스리는 사람. 예수전도단.

홍정표(2004). "현대교회에서의 '찬양과경배'." 서울長神論壇 12권. 510-533.

B. 서양 문헌 및 번역 문헌

Allmen, Jang-Jaque Von. / 정영섭외 역(1978). 禮?學 原論(Oxford University Press, 1968). 대한기독교출판사.

Best, Harold M. / 하재은 역(1995). 신앙의 눈으로 본 음악(San Francisco : Harper Collins Publisher, 1993). Ivp.

Calvin, J. / 김종흡외 역(1986). 기독교 강요 하(4권). 생명의 말씀사.
Cornwall, Judson(1973). Let us praise, New Jersey : Logos.

_____. / 배한숙 역(1989). 찬양. (New Jersey : Logos. 1973). 두란노 서원.

_____. /김광석 역(2004). 춤추는 예배자 다윗(Destiny Image Publishers, 2004). 토기장이.

Franklin, Segler(1967). Christian Worship : Its Theology and Practice. Nashville : Broadman Press.

Jack, Chris. / 홍순원 역(2004). "경배이해 2." Matt Redman ed. 예배자 핵심 파일(Kingsway Communications, 2003). Joy. 83-90.

Jennings, Theodore(1982). Life as worhsip. Grand Rapids : Wm. B. Eerdmans.

Johns, Martin Lloyd. / 서문강 역(1993), 목사와 설교(Zondervan, 1972). 기독 교문서선교회.

찬양이 하늘에 닿다

_____. / 이길상 역(2004). 복음주의란 무엇인가(Lady Catherwood, 1992). 복 있는 사람.

Jones, Ilion T. / 정장복 역(1995). 복음적 예배의 이해(Nashville : Abingdon Press, 1954). 한국장로교 출판사.

Kimball, Dan(2003). The Emerging Church : Vintage Christianity for New Generations. Grand Rapids mi.

Langford, Andy. / 전병식 역(2005). 예배를 확 바꿔라(Nashvelle : Abingdon Press, 1999). KMC.

Moltmann, Jurgen. / 김균진 역(1992). 생명의 영(Chr. Kaiser Verlag Munchen, 1991). 대한기독교서회.

Nouwen, Henri J. M / 이상미 역(2007). 영적 발돋음(Reach out, 1975). 두란노

Oates, Wayne E. / 정태기 역(1991). 현대종교심리학(Presbyterian Publishing Corporation, 1987). 대한기독교서회

Pass, David B. / 김석철 역(1997). 교회음악 신학(New York : Broadman Press, 1989). 요단.

Park, Andy. / 김동규 역(2005). 하나님을 갈망하는 예배인도자 (Intervasity Press, 2002). Ivp.

Paul, Waitman Hoon(1971). The Integrity of Worship. New York: Abingdon Press.

Segler, Franklin M. / 정진황 역(1999). 예배학 원론(Nashville Tennessee : Broadman Press, 1978). 요단.

Tenny, Tommy. / 배응준 역(2005). 하나님께 굶주린 예배자(Destiny Image Publishers, 2002). 규장.

Tozer, A W, /이용복 역(2006). 이것이 예배다(Worship : The Missing Jewel. 1997). 규장

Webber, Robert E. / 김세광 역(2004). 예배가 보인다 감동을 누린 (Hendrickson Publishers, 1994). 예영커뮤니케이션.
_____. Ed(1994). "The Renewal of Sunday Worship." The Complete Library of Christian Worship Vol III. Nashville : Stars Song Press.

_____. / 김지찬 역(2005). 예배학(Grand Rapids, mi., 1982). 생명의 말씀사.

_____. / 황인걸 역(2003). 살아 있는 예배(Massachusetts : Hendrickson Publishers, 1992). 예본 출판사.

Wainwright, Geoffrey(1984). Doxology : The Praise of God in Worship. Doctrine and Life New York : Oxford University Press.

White, James F. / 정장복, 조기연 공역(2005). 기독교예배학 입문 (Nashville : Abingdon Press, 1980). 예배와 설교 아카데미.

C. 성경 및 주석 및 사전(한글 또는 서양)

제자원 편집(1993). 그랜드 종합주석 8 : 욥기 시편. 성서교제 간행사.

톰슨 성경편찬위원회 편집(1991). 톰슨II 주석 성경. 기독지혜사.

Carson, D A. and R T France ed. /김순영외 역(2006), IVP 성경주석 구약 (Intervasity Press, 1994). IVP.

Keil, C F. And F Delitzsch. / 최성도 역(2000), 구약주석 14 : 시편(1987). trans James Martin. 기독교문화사.

The Presbyterian Church(1993) ed. Book of Common Worship. Louisville: Kentucky Westminster : John Knox Press.

United Methodist Church ed(1992). United Methodist Book of Worship. United Methodist Publishing House.